困难家庭的性别差异与相关对策研究

张浩淼　著

本书为国家社科基金一般项目"低保家庭的性别差异及相关对策研究"（17BSH062）的最终成果，同时受四川大学青年杰出人才培育项目"新时代社会救助兜底保障研究"（SKSYL201808）资助

科学出版社
北　京

内 容 简 介

20世纪70年代，“贫困女性化”概念提出后引发了各国的关注。我国相关研究表明，女性贫困发生率高于男性，男女两性对贫困的体验和遭遇有所不同，然而目前我国社会救助的单位是家庭，女性个人被包含在困难家庭之中，相关低保和专项救助政策忽视了社会性别结构对家庭的影响。本书透过社会性别视角考察我国困难家庭的性别差异，尤其把女户主困难家庭与男户主困难家庭进行比较，并在此基础上弄清女性贫困群体的特征，从新的视角拓展对贫困的理解并扩展对困难家庭的研究空间。

本书适合社会保障、社会救助领域内的研究者、实践工作者、学生，以及对相关领域感兴趣的读者阅读。

图书在版编目（CIP）数据

困难家庭的性别差异与相关对策研究 / 张浩淼著. —北京：科学出版社，2022.3

ISBN 978-7-03-071574-6

Ⅰ. ①困…　Ⅱ. ①张…　Ⅲ. ①贫困-家庭-社会政策-政策支持-研究-中国　Ⅳ. ①D669.1

中国版本图书馆 CIP 数据核字（2022）第 029394 号

责任编辑：郝　悦 / 责任校对：宁辉彩
责任印制：张　伟 / 封面设计：无极书装

科学出版社 出版
北京东黄城根北街 16 号
邮政编码：100717
http://www.sciencep.com
北京盛通商印快线网络科技有限公司 印刷
科学出版社发行　各地新华书店经销
*
2022 年 3 月第　一　版　开本：720 × 1000　1/16
2022 年 3 月第一次印刷　印张：7 1/4
字数：147 000

定价：88.00 元

（如有印装质量问题，我社负责调换）

前　言

20 世纪 70 年代，美国社会学家提出了“贫困女性化”的概念，即贫困存在明显的性别差异，贫困家庭中女户主家庭和贫困人口中女性所占的比例不断增加。贫困女性化是多种经济社会因素共同作用的结果，市场参与、家庭结构、社会政策、家庭内部资源分配等都是导致女性贫困率高的重要因素。贫困女性化的一个直接后果就是社会救助对象中女性比例的提升，从西方的情况看，许多贫困女性依赖救助金生活并难以摆脱贫困，由此不得不承受“福利皇后”等污名和好逸恶劳的刻板印象。

在中国，不少研究已经指出，女性贫困发生率明显高于男性，困难人口并非均质的而是存在着性别上的不平等，女性通常更容易陷入困境，此外，由于社会性别因素的影响，男女两性在既有的社会关系建构中所扮演的社会角色、劳动分工和对资产权力拥有的不同，男性和女性易受损害性也不同，对困难的体验和遭遇也有所不同。由于目前我国社会救助的单位是家庭，女性个人被包含在困难家庭之中，贫困的性别差异往往在一定程度上被掩盖，相关低保和专项救助政策没有关注到社会性别结构对家庭的影响，缺乏社会性别敏感的救助政策，这会强化困难女性的边缘地位。因此，透过社会性别视角去考察我国困难家庭的性别差异，尤其是把女户主困难家庭与男户主困难家庭进行比较，并在此基础上弄清女性困难群体的特征，其家庭的困境和现有社会救助等政策对其的支持等问题，具有较为重要的学术价值和应用价值。

本书旨在从新的视角拓展对困难的理解并扩展对困难家庭的研究空间，更多关注困难家庭中的女性福祉，而不仅将家庭视为一个单位，同时希望推动将社会性别意识纳入低保等常态化帮扶政策，帮助实现性别平等并促进社会帮助和社会政策的完善。因为国家社会科学基金项目标题是“低保家庭”，所以研究聚焦于低保家庭，低保家庭是典型的困难家庭，有代表意义。作为研究者，期望本书的理论分析和政策建议能够为政府决策提供参考，或者能够给决策者一些启示。当然，由于作者学术水平有限，不足之处请学界各位前辈、同行和读者批评指正、不吝赐教。

目　录

第1章 绪　论

1.1 困难家庭研究背景和意义

“社会性别”是在20世纪60年代随着女权主义运动实践发展起来的，是相对于“生理性别”“生物性别”“自然性别”而言的概念，其关键意义在于社会性（夏雪，2009）。社会性别是以性别差异为基础的社会关系的一个组成成分，它把两性关系作为最基本的社会关系，认为社会性别是社会关系的本质反映，分析社会关系和社会制度的根源可以从探讨两性关系入手。现今，社会性别已发展成为社会科学领域一个重要的分析工具和研究视角。社会性别作为基本身份和基本社会关系，影响着人们平等获取资源的机会（蔡玉萍和杜平，2011），进而也影响着人们与贫困之间的结构性关系。僵硬的社会性别角色使女性在获得教育、平等参与劳动力市场、享受合理的薪资待遇及分享平等的权利与责任等方面都处于相对弱势地位，这使女性比男性更容易陷入贫困。1995年联合国开发计划署在《人类发展报告》中指出，“贫困有一种女性的面孔”，这其实就指出了女性比男性更易陷入贫困且贫困程度更深的问题。贫困女性化问题在世界各国普遍存在，贫困在性别上存在显著差异（Finnoff，2015），这既是指贫困人口中女性人口比例增加，也指贫困家庭中以女性为户主的家庭所占比例增加（霍萱和林闽钢，2015）。贫困女性化不仅会给女性自身的身心健康和发展带来不利影响，还会对其子女的身心健康与发展造成不良影响（陈银娥等，2015），如增加青少年肥胖、心血管疾病和焦虑抑郁等心理疾病和不良行为（Holtz et al.，2015），也容易导致贫困的代际传递。比如，日本学者的研究发现，受助成人中有25.1%曾经在童年时生活在受助家庭中，这种情况在单亲母子家庭中尤为显著（NHK特别节目录制组，2017）。鉴于此，在反贫困和相关社会政策中，增加女性平等获取资源的机会和权利，已获得国际社会的普遍认可。例如，拉美国家的有条件现金转移支付救助项目中，救助金就只发放给女户主，以促进救助金的有效使用并增进性别平等和减少女性贫困。

在中国，不少研究已经指出，女性贫困发生率高于男性。例如，《中国农村贫困监测报告 2011》显示，2010 年在国家扶贫重点县的农村绝对贫困人口中，男性人口贫困发生率为 9.4%，而女性人口贫困发生率为 9.8%，也就是说，贫困人口并非均质的而是存在着性别上的不平等，女性通常是贫困群体中的较贫困者，此外，由于社会性别因素的影响，男女两性在既有的社会关系建构中所承担的社会角色、劳动分工和对资产权力拥有的不同，男性和女性易受损害性也不同，对贫困的体验和遭遇也有所不同（赵群，2005）。由于目前我国对贫困的测量和社会救助的单位均是家庭，女性个人被包含在困难家庭之中，贫困的性别差异往往在一定程度上被掩盖，相关低保和专项救助政策没有关注到社会性别结构对家庭的影响，缺乏社会性别敏感的救助政策，这会强化困难女性的边缘地位。因此，透过社会性别视角去考察我国困难家庭的性别差异，尤其是把女户主困难家庭与男户主困难家庭进行比较，并在此基础上弄清女性困难群体的特征，其家庭的贫困遭遇和现有社会救助等政策对其的支持等问题，具有较为重要的学术价值和应用价值。

从学术价值上讲，研究困难家庭的性别差异可以从新的视角拓展对相对贫困的理解并拓展对困难家庭的研究空间，更多关注困难家庭中的女性福祉，而不仅将家庭视为一个单位或仅关注困难家庭中的儿童。西方的贫困女性化（feminization of poverty）理论表明了贫困现象越来越趋于女性化和女户主家庭的特殊性，且指出了女户主家庭福利依赖的倾向和脱贫的困难性。关于中国困难家庭的性别差异和受助情况的本土研究发现，可以与西方贫困女性化理论进行比较并分析异同，由此带来理论启示并为未来我国相对贫困治理的决策提供理论基础，改变现有理论研究仅关注某一特殊类型女性困难群体或将女性困难群体置于一般贫困研究领域的现状。

从应用价值上看，我国目前缺少分性别的贫困统计及专门的女性救助和反贫政策安排，在低保等相关救助政策的具体决策和执行过程中存在忽略女性特殊需求及权益维护的问题，而单纯将其视为发展中的弱势群体或受助对象，缺少对其性别平等意识和参与意识的启发。当下，离婚率攀升、独身女性增多及分居导致女户主困难家庭增多，在我国实现全面小康社会的背景下，绝对贫困已经消除，但相对贫困日趋突出，本书可以促进相对贫困治理和性别平等的策略融合，有利于消除性别盲视并制定出性别敏感的救助政策和帮扶政策，因为如果从统计和研究上都无法关注到困难家庭的性别差异，那就无法有针对性地制订出符合贫困女性生存和发展需求的计划。本书有助于推动将社会性别意识纳入低保等常态化帮扶政策，有利于实现性别平等并促进相对贫困问题的解决。

1.2 文献综述

20 世纪 60 年代起，第二次女权运动推动了女性主义学术研究的兴起，女性主义思想在社会科学领域快速传播，女性贫困问题作为女性学的重要组成部分也因此受到关注，一些学者开始从女性主义的角度研究女性贫困问题，探讨其成因和对策，然而，这一阶段女性贫困问题的研究主要局限于社会科学、社会服务和文化及种族等方面，经济学研究进程相对缓慢，相关成果有限，但也不能否认，这期间女性主义相关思想和理论为女性贫困问题的研究提供了坚实的理论基础。1978 年，美国社会学家皮尔斯（Pearce）最早正式提出了贫困女性化这一术语与概念，她发现美国贫困存在明显的性别差异，贫困人口中女性人口比例和所有家庭中女户主家庭的比例均在增加，她重点关注了女户主家庭，认为其脱贫难度更大（霍萱和林闽钢，2015），在这之后女性贫困问题研究引起了各国普遍关注。1987 年，阿马蒂亚·森提出了“能力贫困”学说，这使得贫困的概念更加复杂与丰富，女性贫困问题的研究视角也更加多维化，相关研究成果逐步增加。1995 年，第四届世界妇女大会更是明确将“女性与贫困”作为其重点关注领域之一，同年女性主义经济学国际协会还创办了《女性主义经济学》期刊。此外，20 世纪 90 年代，第三次女权解放运动发生，这一阶段女性内部的差异性和多样性被关注和强调，相关理论主张、性别问题研究应该从多元差异视角把种族、经济、政治、文化和国家等因素纳入进来，可以说在这之后，国际理论界关于女性贫困及其减贫问题的研究开始大规模出现，研究进程迅速加快，研究范围大幅拓展（陈银娥等，2015）。总的来看，和女权运动进程密切相关的国外女性贫困问题研究主要包括以下三大特点。

第一，西方发达国家尤其是美国对女性贫困的研究更为关注，相比较而言，发展中国家的研究较为薄弱，但正在逐步受到重视。西方发达国家在女性贫困问题研究方面之所以成为主力，主要得益于人力和财力两方面的优势，即该领域有众多的研究人才和强大的资金支持。发展中国家对女性贫困的研究虽然不及发达国家，但是正日益受到关注，因为发展中国家女性贫困的发生率远高于男性，女性贫困问题较为突出且有日渐严重的趋势，尤其是那些政治、经济和社会处于转型与变革中的发展中国家更是如此，导致女性贫困化的原因较为复杂，女性在就业、教育程度、健康水平和家庭地位等多个方面均处于不利地位（陈银娥等，2015）。非正规就业和长期失业是女性陷入贫困的主要原因，此外，女性受教育水平不高、健康状况较差、在家庭中居于从属地位等原因都易导致其陷入贫困。例如，女性承担大量家庭无偿劳动，导致时间被占用，受教育机会少，这都会引发女性贫困（Kher et al.，2015），更值得注意的是，女性贫困会给其子女带来不利影响，影响下一代的健康和发展，导致贫困的代际传递（王爱君，2009）。

第二，女性贫困问题研究方面出现跨学科与综合性态势，尤其是医疗卫生保健学科对该领域的关注日益显著，女性身心健康成为研究的重点之一（陈银娥等，2015）。贫困是多维和复杂的概念，不仅涉及收入和支出，还涉及健康、教育、发展等诸多方面，女性贫困也是如此，因此，这方面的研究成果不仅涉及社会科学方面，也涉及健康、卫生、医疗等自然科学方面，是交叉的、综合性的课题，尤其是医疗卫生保健方面的贡献逐步增加，女性身心健康问题成为研究重点。研究发现女性身心健康与收入水平呈明显正相关，收入水平低除了直接对女性身心健康造成直接不良影响外，还会通过就业、受教育水平、社会地位和家庭地位等社会和行为因素，对女性身心健康造成危害更大的间接不良影响，其中社会地位相对低下是造成贫困女性健康受损的重要原因之一（Fuller-Rowell et al.，2012）。尤其在"父权制"国家，女性的弱势地位更加明显，药品、食品等基本生活资源被男性支配，女性的健康和营养状况堪忧，这导致女性更易受疾病困扰，也更容易受到暴力对待（Fram et al.，2006）。

第三，女性贫困问题研究与福利政策的联系日益密切，性别敏感的社会福利政策逐渐成为女性反贫困的长效机制（陈银娥等，2015）。贫困女性化的提出，反映了与早期相比，女性的贫困问题越来越少地被掩盖在男权制家庭内部，游离在男权家庭之外的贫困女户主家庭和老年女性日益增长的贫困反映出建立在男权制家庭模式之上的社会福利制度的不足（金斯伯格，2010）。因此，性别敏感的社会福利或针对女性需要的福利政策非常重要，女性社会福利政策研究是公共政策研究和性别研究决策的交叉研究领域，强调要在福利政策的制定、实施和评估等全过程运用社会性别分析方法，力图实现女性贫困领域的社会性别主流化（刘继同，2003）。在具体实践中，许多国家制定了专门针对女性群体的社会福利政策，既包括一般性的保障措施，也包括根据女性生命周期特征制定的特殊保障措施，重点倾向于女童、孕妇和老年妇女等。应该说，关于女性社会福利政策的合理性及其效用引起了各国政府和理论界的重视，相关讨论和研究，主要包括女性福利政策中具体项目的适应性、覆盖面和效果问题，对易陷入贫困的女性群体提供福利的必要性问题等，如威尔逊针对女户主贫困家庭的贫困持续期和相关福利制度进行了研究，他发现女户主家庭更易出现持续贫困现象，需长期依靠救助才能生活，常与福利依赖产生联系（威尔逊，2007）。因此，需要政府鼓励为单亲女户主家庭提供教育和培训机会、促进其就业（Millar，2009），并向其提供住房等方面的救助服务（Evans，2009），进一步完善社会福利制度，此外，还需要在劳动力市场中提高女性地位并鼓励男性参与家务劳动（Misra et al.，2007），通过微型金融项目和措施来帮助女户主贫困家庭等（Holvoet，2004）。

中国对女性贫困问题的研究始于20世纪90年代末，起步滞后于国外，目前已取得了一定成果，主要集中于以下三个方面。

一是指出了我国存在贫困女性化的状况。不同研究者都发现中国女性贫困发生率明显高于男性（许艳丽和董维玲，2008）。女户主贫困家庭的份额逐年增加，尤其是农村地区（陈银娥和何雅菲，2013）。此外，农村女性、老年女性、单亲母亲、少数民族妇女都更容易陷入贫困（赵群和王云仙，2011）。当然，不同学者的研究视角有所不同，大多数是从上述经济和物质角度来衡量女性贫困，还有从文化视角来界定女性贫困的，其认为女性在文化、教育、社会资本及社会网络支持等方面存在贫困，女性个体或群体在知识水平、价值观念、身心素质和思维方式等方面均落后于男性群体，已婚女性尤其是老年女性在休闲娱乐、文化等方面存在精神贫困。此外，还有从其他视角来界定女性贫困的，主要从健康、时间、婚姻等方面来定义。例如，其认为农村妇女一般存在健康状况差、疾病相对多的健康贫困（郭瑞香，2011），妇女尤其是已婚妇女既需要承担劳动力市场的工作还需要承担大量家务劳动，难以获得充足的休息和闲暇，存在"时间贫困"（畅红琴，2010），另外，在婚姻观念、生育观念及行为和家庭地位上存在婚姻生活贫困（蒋美华，2007）。

二是对我国女性贫困的原因分析。许多研究集中于探讨农村贫困女性、农村老年妇女及农村老年丧偶妇女等弱势群体的困难原因，认为导致女性困难的原因是多方面且复杂的，既包括宏观社会结构因素，也包括微观个人行为因素，既包括自然环境因素，也包括家庭与社会环境因素，这些原因通常交织在一起共同作用。第一，环境因素。环境因素既包括自然环境因素，也包括制度环境因素。自然环境因素主要涉及自然环境和资源，制度环境因素主要涉及社会保障、社会政策及文化、习俗等，包括传统父权观念的约束等（王增文，2010）。第二，社会结构因素。在诸如就业市场、社会保障制度、社会分配制度等社会结构要素中，由于性别原因女性明显处于弱势地位（赵群和薛金玲，2006），具体表现为土地政策、户籍制度、婚姻制度等社会制度对女性保护不力，进而导致女性极易陷入贫困境地（赵群和薛金玲，2006）。此外，婚姻状况、就业与女性贫困密切相关，也就是说，离婚状态和职业不稳定也易导致女性陷入贫困（陈银娥和何雅菲，2014）。第三，个人主观因素。妇女自身身体、人力资本积累和观念意识方面的问题会导致其陷入贫困。具体来看，健康状况差易使其陷入健康方面的贫困（郭瑞香，2011）；受教育程度低与缺乏相关技能等人力资本不足会导致贫困（金一虹，2000）。性别平等意识缺失，由于需要照顾家庭并承担家务劳动，这限制了农村贫困女性脱贫的途径，再加上农村贫困女性法律意识不强、发展动力缺失、参政议政意识淡薄等也影响其脱贫（蔡荷芳，2005）。

三是应对与缓解我国女性贫困的策略和思路。从国家层面看，要把推动社会性别平等纳入反贫困的目标设定和规划设计，保证女性参与，关注如何在社会转型的应对措施与相关防灾减灾措施中促进性别平等，要建立与完善分性别的贫困状况监测指标与反贫困效果评估机制，推进针对贫困女户主的小额贷款和老年女户主的养老保障等（王增文，2010）。从社会层面看，要建立中介与社会组织，为贫困女性提供教育、培训、就业和健康等服务，增加其参与经济与社会活动的机会和能力，改善家庭结构等（陈银娥和何雅菲，2014）。同时，在全社会推广普及社会性别意识，构建性别平等的良好氛围（王云仙和冯媛，2011）。从贫困妇女主体看，要树立其社会性别意识，提升其受教育程度、文化水平与专业技能，激发其走出贫困的主体性和自觉性，除了将社会性别意识纳入妇女反贫困政策外，在少数民族地区，还需注意要促使相关女性反贫困政策或项目与当地民族文化相适应（马东平，2011）。

总体而言，我国关于女性贫困及其反贫困政策的研究虽然起步晚，但是成果较丰富，对认识和应对我国女性贫困起到了重要作用，相对于以上几个方面而言，既有研究也存在一定不足。不足之处包括以下几点：一是从物质视角定义女性贫困概念时对更具性别意识的指标运用不足，也没有与男性进行比较以突出女性贫困的特殊性，从文化视角界定女性贫困有滥用性别意识之嫌，在一定程度上夸大了性别差异而忽视了女性所处的客观历史环境及民族文化传统等（刘欣，2015）；二是研究更多关注于特殊类别的弱势贫困女性，如老年贫困妇女、单亲母亲、少数民族女性等，主要是对某一特殊群体的特征和致贫原因进行分析，且对致贫原因的描述性研究居多，解释性研究较少；三是在贫困妇女脱贫方面，以社会性别视角介入妇女贫困治理的政策过程、组织过程的研究还不够充分和深入。由上可见，我国目前对于女户主困难家庭关注度不够，并且缺乏从社会性别视角与男户主困难家庭的对比研究，对户主性别这一困难家庭的重要特征考量不足。

其实，随着20世纪90年代末我国城市最低生活保障制度的建立和社会救助的全面改革，我国关于困难家庭的研究逐步增加并取得了较丰富的研究成果，但总的来看，研究主要集中于综合分析困难家庭的脆弱性和面临的生存困境，如林闽钢和祝建华（2011）对城市低保家庭的脆弱性进行了比较分析；或聚焦于低保家庭的某一类困境深入分析，包括医疗困境、教育困境、就业困境等，如蒋积伟（2007）对低保家庭医疗困境的分析，乔世东（2010）对低保家庭青年就业制约因素和困难的分析；再有是关注并集中研究低保家庭中的儿童，如郑飞北（2012）对低保家庭儿童与儿童贫困的研究；史威琳（2011）对城市低保家庭儿童社会保护的研究。由上可见，既有的关于困难家庭方面的研究缺乏针对女户主困难家庭的专门研究，结果是一方面，女性贫困被置于一般贫困研究或妇女问题领域，缺少对女性贫困特征和影响等的专门性研究，难以与关注女户主贫困家庭的国际贫困女性化研究与理论进行有效对话；另一方面，也难以了解女户主贫困家庭与男户主贫困家庭相比所遭遇的特殊困难和不同的贫困体验，难以把握女性贫困的特殊性，易把女性贫困看成特殊类别的弱势群体问题，因而难以把社会性别纳入社会救助等帮扶决策的主流。目前我国将社会性别意识纳入主流决策机构的实践仍然有限，因此，从社会性别视角考察我国贫困家庭的性别差异是值得深入研究的问题。女户主困难家庭的基本特征有哪些；其遭遇何种困难；现有社会救助等支持政策对女户主困难家庭的帮助及在多大程度上缓解了其困难；与男户主困难家庭相比，上述这些方面有何异同；关于困难女户主的本土研究发现如何与西方贫困女性化理论进行比较和对话；如何引起主流决策机构的重视、根据这些研究发现如何开展性别差异化的社会救助与反贫困实践探索，以及如何设计更公平的、可持续的女性救助与帮扶项目。本书试图对以上问题进行深入把握和研究，并获得有益的启发。

1.3　研究方法

本书把理论研究和实证分析，个案访谈和数据分析结合在一起，具体的研究方法如下。

1.3.1　文献分析法

通过对现有著作、期刊、档案、报纸及网站等相关资料的搜集整理，目的如下：一是对社会性别理论、贫困女性化理论和社会救助相关理论进行梳理总结；二是对国内外有关困难家庭、女性贫困及救助和福利等措施进行探讨分析，为研究提供可供参考分析的资料。

1.3.2　比较研究法

主要把我国女户主困难家庭和男户主困难家庭的各方面的基本状况和社会救助情况等进行比较，并把我国的研究发现与西方的相关理论和政策等进行比较分析，从中获得有益启示。

1.3.3　抽样调查数据统计分析

对民政部中国城乡困难家庭社会政策支持系统建设调查数据（2013 年）进行

分析，该数据涉及全国 10 个省区市（含东、中、西三大地带）的城市、农村和流动困难人员，分别包含 6062 个、6166 个和 3162 个样本，本书将低保家庭数据从城乡困难家庭社会政策支持系统建设数据中抽离出来，按城乡和户主性别进行划分并进行分析，具体分析包含困难家庭的城乡属性、户主的基本情况、困难家庭的情况及享受社会救助、福利等支持政策情况及对救助和福利的期望等内容，运用卡方检验等统计分析方法对困难家庭的数据进行较深入的分析并探讨困难家庭的性别差异及造成这种差异的因素等。

1.3.4　深度访谈法

除主要借助对问卷调查所获数据的统计分析外，还将运用深度访谈法，这适合了解较复杂、抽象的问题。课题组于 2017~2018 年访谈了四川省成都市（龙泉驿区和锦江区）、乐山市和达州市三个经济发展程度不同的地区 62 户困难家庭，其中包括 38 户城镇低保户，24 户农村低保户，22 户男户主低保家庭，40 户女户主低保家庭，就困难家庭的基本情况、社会救助和其他保障、就业、社区（村委会）服务和家庭这 5 个方面进行了详细询问和深入了解。此外，还访谈了 13 名负责低保工作的社区（村委会）工作人员，访谈主要围绕社会救助政策中的性别差异情况展开，访谈形式均为半结构访谈。

第 2 章　概念界定与理论基础

2.1　概 念 界 定

2.1.1　社会救助

社会保护体系包括劳动力市场规制、社会保险和社会救助，其中，社会救助是最古老的社会保护措施，也是直接针对贫困者等弱势群体的保护手段，承担着维护社会底线公平和促进社会稳定的任务。一般而言，社会救助制度涵盖两个层面的目标：一是为贫困者提供满足其最低生活标准的帮助，在不同国家“最低生活标准”会有不同的操作定义，如有些国家是指维持生存的标准，有些是保障基本生活的标准，有些则是保障体面和有尊严生活的标准；二是作为反贫困手段，社会救助应该防止受助者被边缘化或被社会排斥。换句话说，社会救助不应只是由政府和社会提供款物帮助以维持一个低收入水平的群体，还应该使受助群体获得发展的机会和能力并最终摆脱贫困、融入社会。

社会救助按照待遇给付可分为三类：一是普遍型救助，即对收入低于既定的最低生活（收入）标准的个人或家庭提供现金帮扶，以使其收入到达最低生活（收入）标准。二是类别型救助，即对低于一定收入水平的特定弱势群体提供现金救助待遇，这些弱势群体包括残疾人、老年人、单身父母、孤儿、失业者等。三是专项型救助，即提供医疗、教育、住房等方面的实物或服务的救助待遇，包括住房救助、医疗救助、教育救助、就业培训等。以上三类救助中，普遍型救助和类别型救助均是提供现金，能够为弱势群体提供最直接的帮助，在缓解贫困方面的针对性较强，尤其是普遍型救助，这种救助不论贫困原因，对所有最低生活（收入）标准以下的群体提供现金支持，在反贫困方面见效快、效果好。绝大多数发达国家都建立了普遍型救助，即最低生活标准支持制度，这些国家社会信用体系普遍发达，家计调查比较准确，而大多数发展中国家进行普遍性的家计调查困难且成本高，因此一般只建立了类别型救助，即根据某些社会人口学特征，如老年人、残疾人、儿童等，选择性地确定受助对象的范围，然后再通过家计调查来进行瞄准和定位。以上两类救助虽然能在短期内缓解贫困，但无法从根本上治愈贫困，只是提供较为消极的现金帮助。专项型救助并不提供现金，而是提供实物或服务，它可以通过提供住房、医疗服务、就业培训服务等方式来改善贫困或弱势群体的生活条件，提高其人力资本，最终促进受助者的发展，应该说专项型救助虽然也可以在一定程度上缓解贫困的作用，但和其他两类救助相比，它更突出的作用是促进发展。

在中国，政府和学界均把社会救助制度视为我国社会保障体系中居于基础地位的子系统。在整个社会保障体系中，社会救助制度是最后一道安全网，是指国家和社会面向由贫困人口等组成的社会脆弱群体提供款物帮扶的生活保障政策，它通常被视为政府义不容辞的责任和义务，采取的是非供款和无偿救助的方式。尽管学者对社会救助制度的概念界定在语言表述上存在一定差异，但本质非常接近，主要包括以下几个方面：一是社会救助的主体是政府和社会，政府承担社会救助的主要责任，社会则承担重要的补充责任；二是社会救助的对象具有选择性，对象主要是贫困和困难群众等脆弱群体，因此救助资格的获得需经过较严格的审查；三是社会救助的水平以保障最低生活为标准，救助方式包括提供现金、实物或服务。2014 年颁布实施的《社会救助暂行办法》正式确立了中国社会救助制度的体系框架和制度内容，它包含八项制度：最低生活保障、特困人员供养、受灾人员救助、医疗救助、教育救助、住房救助、就业救助和临时救助，这八项制度基本可以归为三大类，即长期生活类救助制度、专项分类救助制度和临时应急类救助制度三类。其中，最低生活保障和特困人员供养属于长期生活类救助，医疗、教育、住房和就业救助属于专项分类救助，受灾人员救助和临时救助则属于临时应急类救助。

另外，需要指出的是，“社会救济”一词和社会救助高度相关，需要辨析它们之间的区别和联系。中华人民共和国成立后，在制定社会救助的相关政策时，都是把“social assistance”（社会救助）一词本土化地译为“社会救济”，意在使其与我国历史上的“救济”相统一。在古代中国，“救济”一词意味着对受灾民众及特殊困难群体进行临时帮扶以维护稳定封建统治秩序，它强调的是一种消极的救贫济穷措施，基于同情与仁慈的心理，大多是临时性及随意性很强的救济行为，因此，在制度名称为“救济”的时期，支撑制度的道德基础是一种仁慈、恩惠的理念。然而，随着经济社会的发展和现代化的进程，学术界开始对西方社会福利和社会工作理论有了比较深入的了解和认识，并于 20 世纪 90 年代初广泛使用“救助”一词；之后，官方也受到了影响，2002 年国务院发布的《中国的劳动和社会保障状况》白皮书中还把我国社会保障体系的内容之一称为“社会救济”，而 2004 年国务院发表的《中国的社会保障状况和政策》白皮书就发生了变化，改称为“社会救助”，另外，主管这方面事务的民政部的相关部门也从救灾救济司拆分为救灾司和最低生活保障司，后者又逐步发展成为社会救助司。“救助”一词最早是西方社会工作者针对“济贫”这一类代表旧的伦理思想的旧概念而提出的新概念，强调提供制度化的救助措施是政府的当然责任和受助者应得的权利，而实现和维护权利就是实现正义，因此，在制度名称为“救助”的时期，支撑制度的道德基础是正义和权利的理念。制度名称从“救济”转为“救助”，表面看起来似乎只是文字上的简单变化，但实质却是中国社会救助制度的道德基础和精神动力从仁慈转向正义的真实写照。

2.1.2　困难家庭

最低生活保障制度 1993 年在上海最早出现，其背景是转型期国有企业改革导致出现了以失业下岗人员为主体的城市新贫困群体，这些人生活困难却无法获得政府只针对“三无”人员的救助，于是，最低生活保障制度应运而生，它以收入为划分标准，把有劳动能力的贫困者也纳入了政府救助的范畴。经过一段时间的试点，在中央政府的强力推进下，1999 年最低生活保障制度在城镇地区普及并不断发展完善，2007 年该制度普及所有农村地区并向城乡一体的方向迈进。

最低生活保障制度是指以保障全体公民的最低生活为目的，科学合理地确定最低生活保障标准，由政府对家庭实际人均收入低于最低生活标准且符合当地最低生活保障家庭财产状况规定的家庭，给予差额补助的一项基本生活类社会救助制度（时正新，2002），从社会救助的待遇给付分类来看，它属于普遍型的现金救助。确定最低生活保障对象的受助资格，要通过家计调查的方式衡量其家庭收入是否低于当地政府制定的低保标准，且符合当地最低生活保障家庭财产状况，符合条件可享受补助。在最低生活保障标准的确定方面，我国没有规定统一的标准制定依据和调整机制，各地使用不同的办法划定低保线，每年的调整幅度也各不相同，这导致我国困难标准存在比较大的地区和城乡差距（焦培新，2014）。另外，需要指出的是，虽然我国最低生活保障在媒体中的出现频率高于社会救助，但它只是我国社会救助制度中的一项，社会救助制度的含义更广，它涵盖长期生活类救助制度、专项分类救助制度和临时应急类救助制度三类，最低生活保障和特困人员供养一样，属于我国社会救助体系中长期生活类救助下的子项目。

困难家庭是指领取最低生活保障待遇的城市与农村家庭，这些家庭因共同生活的家庭成员人均收入低于当地最低生活保障标准，且符合当地最低生活保障家庭财产状况规定而符合受助资格。

根据《社会救助暂行办法》，最低生活保障标准由省区市或者设区的市级人民政府按照当地居民生活必需的费用确定、公布，并根据当地经济社会发展水平和物价变动情况适时调整。困难家庭收入状况、财产状况的认定办法，由省区市或者设区的市级人民政府按照国家有关规定制定。申请成为困难家庭需要符合一系列较严格的程序：由共同生活的家庭成员向户籍所在地的乡镇人民政府、街道办事处提出书面申请；家庭成员申请有困难的，可以委托村民委员会、居民委员会代为提出申请，乡镇人民政府、街道办事处应当通过入户调查、邻里访问、信函索证、群众评议、信息核查等方式，对申请人的家庭收入状况、财产状况进行调查核实，提出初审意见，在申请人所在村、社区公示后报县级人民政府民政部门审批；县级人民政府民政部门经审查，对符合条件的申请予以批准，并在申请人所在村、社区公布；对不符合条件的申请不予批准，并书面向申请人说明理由。对符合条件的困难家庭，县级人民政府民政部门按照共同生活的家庭成员人均收入低于当地最低生活保障标准的差额，按月给其发放最低生活保障金。困难家庭人口状况、收入状况、财产状况发生变化的，应当及时告知乡镇人民政府、街道办事处；县级人民政府民政部门及乡镇人民政府、街道办事处应当对获得最低生活保障家庭的人口状况、收入状况、财产状况定期核查。困难家庭的人口状况、收入状况、财产状况发生变化的，县级人民政府民政部门应当及时决定增发、减发或者停发最低生活保障金；决定停发最低生活保障金的，应当书面说明理由。

2.1.3 性别差异

从生物学上讲，男女两性存在生理差异，女性生理机能较男性更脆弱。由生理性别差异衍生出的社会性别差异也由来已久（金利杰和周巩固，2010）。对于某个特定的历史阶段，在某种正式的国家制度和市场制度，以及非正式的社会制度和家庭制度的建构下，社会性别差异总是处于扩张或收缩状态，它是指由社会文化、社会规范和社会制度等因素建构出来的差异（李卓和左停，2018）。相对于“生理性别”、“自然性别”和“生物性别”的差异，社会性别差异的关键在于其社会性。

传统的男权制思想认为男女两性不同且差异很大，进而强调男强女弱、男尊女卑、男主外女主内，进一步强化了性别不平等和差异。随着女权运动的兴起，对男女性别差异的认识不断发展和变化，强调两性差异的做法在女权主义运动中具有明显的策略动机，并据此形成了两大策略派别：差异最小化和差异最大化。比如，在争取投票权时，前者强调女性像男性的方面多，不像男性的方面少，因而应像男性一样有投票权；后者强调女性的特点，如哺育性和道德感强，因此应有选举权。20 世纪六七十年代，差异最小化一派占上风，20 世纪 80 年代后则是差异最大化一派占据上风（李银河，2005）。20 世纪 90 年代后，女性主义运动中出现了一种新的思潮，从根本上反对两分的思维模式，认为两性的界限并非泾渭分明而是模糊不清，对性别问题的这种看法受后现代思潮和多元文化论的影响。过去人们认为差异是分等级的、两分的，而这是不恰当的且应当被批判的，即性别不应被简单地两极分化，而是一个复杂的、多侧面的、动态的体系（李银河，2005）。

其实，既不应过分夸大性别差异，也不应过分缩小性别差异或模糊两者界线，无论在政治上、在理论上怎样操作，其实男女仍然不同，至少在今天乃至相当长一段时间内，天生就有的生理差异和不可更改的历史差距仍然解构着男女两性不尽相同的历史命运，男男女女仍然难以逃脱（李小江，1999），这种观点就是既不赞成男女相同，也不赞成抹杀男女界限，而是在主张男女平等的同时，承认由生理造成的，以及由社会、政治等因素建构出来的性别差异。总之，社会性别是社会关系的本质反映，性别差异意味着可以从两性关系入手发现社会关系和社会制度的根源。

2.2 理论基础

2.2.1 贫困女性化理论

贫困女性化的概念最早由美国社会学家皮尔斯于 1978 年提出，她通过对 20 世纪 50 年代至 70 年代中期美国贫困问题的研究，发现贫困存在明显的性别差异，贫困家庭中女户主家庭和贫困人口中女性所占比重均不断增加（Pearce，1978）。皮尔斯将这一现象称为贫困女性化，并将职业隔离视为贫困女性化的主导因素，从此开创了一个新的研究领域。实际上，皮尔斯只是描述了贫困女性化这一现象，并未对其做出明确的界定。

此后，学者从不同的视角对贫困女性化这一概念进行了丰富的讨论。Northrop 和 Emily（1990）引入了人口统计学的视角，认为贫困女性化是一个人口和家庭结构不断变化所导致的动态过程，表现为贫困在女户主家庭层面的逐渐集中。莫格哈登（2000）侧重对贫困女性化进行解释，认为“贫困以女性面孔”出现的根源在于女户主家庭增长、家庭内部不平等和新自由主义经济政策，三者共同导致女性在贫困人口中的占比不断增加。

不难发现，西方学术界对贫困女性化概念的界定视角不一，表述各异，至今尚未形成统一的认识。但有一点可以确定，学者对女性贫困程度的感知和对贫困呈现出的女性化趋势的判断是趋于一致的。从贫困人口来看，女性预防贫困的能力更弱，更容易陷入贫困；从贫困状态来看，女性贫困程度高于男性；而从贫困出口来看，女性脱离贫困的能力更弱，陷入贫困的周期长于男性。

贫困女性化具有多样性，愈发呈现出多维贫困和深度贫困的趋势。收入是研究贫困最基本的维度，大量研究也都表明女性收入水平普遍偏低，尤其是在发展中国家（Budlender，2005）。20 世纪 90 年代以来，随着西方新型福利理论的繁荣，除了收入贫困外，女性在资产、健康、教育等领域所处的贫困状态也相继进入了研究者的视野。例如，Laux 和 Cook（1994）发现女户主家庭大多缺乏稳定的住房和舒适的居住环境；Langlois 和 Fortin（1994）发现单亲母亲普遍缺乏安全感和自信心，患抑郁症的比例高于男性；Kim 等（2011）发现女户主家庭比男户主家庭更容易遭受粮食安全风险；Quintal 和 Lopes（2016）根据葡萄牙 2010~2011 年度家庭预算，发现女户主家庭面临比男户主家庭更高的灾难性健康支出风险。显然，贫困女性化不仅体现在收入、住房和食品等物质层面，女性在心理和精神层面的贫困处境同样值得关注。

此外，贫困女性化还具有异质性，在年龄、婚姻状态和地域等方面呈现出明显的结构性差异。从年龄来看，老年女性更容易陷入贫困。在人口老龄化背景下，女性预期寿命更长，晚年丧偶的风险增加，单独生活的周期延长。在此期间，老年女性在身体状况、精神状态和收入来源等各个方面都处于不利地位，极易陷入贫困境地（Gunnarsson，2002）。从婚姻状态来看，单亲母亲更容易陷入贫困。单亲母亲家庭缺乏成年男性劳动力，照顾家庭和维持生计的责任均需女性承担，物质和精神层面的双重压力容易导致单亲母亲拥有更强烈的贫困体验（Felker-Kantor and Wood，2012）。从地域来看，城市女性更容易陷入贫困。与农村相比，城市竞争更激烈，收入差距更大，生活成本更高，因而贫困女性化趋势更明显（Katapa，2006）。

贫困女性化是一个复合概念，类型的多样性和结构的异质性体现了其建构机制的复杂性。在性别分工的基础上，家庭、市场、国家制度和社会对贫困女性化发挥了不同的建构作用，且上述四者相互联系、互相影响。

第一，家庭层面。家庭是人类社会生产、资源分配和再生产的基本单位。在性别分工中，女性被赋予家庭照顾者的角色，尽管这种角色并非由法律或正式制度所确定，但千百年来已然内化，难以抗拒。在家庭这一非雇佣单位，女性从事的大量劳动都属于无偿性质，无法享受对应的经济权利，从其他家庭成员手中获得的“劳动报酬”也具有随意性，缺乏相应的制度保障（Millar，2003）。家庭责任的“女性化”造成女性难以进入劳动力市场或难以连续就业，缺少社会参与的机会和条件，在家庭和家庭资源分配中处于从属地位。对于一般家庭而言，出于家庭核心利益的考量，扮演家庭经济支持者的男性当仁不让地成为家庭资源分配的优先者，经济资源、教育资源、社会网络资源等总是向男性倾斜，女性的个体需求通常被家庭的整体需求所掩盖（MacDonald，1998）。对于女户主家庭而言，情况则更为糟糕，家庭资源分配尽管不存在性别排斥，但却受制于有限的资源总量。20世纪后半叶，生命周期和死亡率的性别差异及婚姻和生育观念的变化，促使女户主家庭规模不断增长，尤其是在西方福利国家（Louat et al.，1993）。女户主家庭通常家庭规模较小，户主多为单身且年龄较大，缺少成年男性劳动力，抚养和赡养负担沉重，在这种家庭结构形式中，女性需要扮演家庭照顾者和经济支持者的双重角色，极易陷入贫困与社会排斥的状态。

第二，市场层面。近几十年来，女性劳动力市场参与呈逐渐增强的趋势，但与男性相比仍有较大差距。根据经济合作与发展组织（Organization for Economic Co-operation and Development，OECD）2011年发布的《改善家庭政策》(*Doing Better for Families*)，截至2009年，OECD国家女性平均就业率虽然大幅提高，但仍比男性低15个百分点[①]。同时，女性就业集中在劳动密集型行业和低层职位，且多属于非正规工作，条件恶劣且稳定性差。例如，Millar和Glendinning（1989）指出，美国1984年有55%的女性从事兼职工作，而男性仅有1%。更为关键的是，女性平均工资水平大幅低于男性，且二者差距呈逐渐扩大之势。Corley等（2006）研究发现，亚洲、中东和北非许多国家一些行业的性别工资差距超过了40%，即使在同一职业，女性的工资水平也通常低于男性。

女性在劳动力市场中处于劣势，究其根源，首先，女性在基于生理差异的性别分工中承担了主要的家庭照顾责任，没有足够的时间和精力参与劳动力市场。其次，生理差异直接导致女性被视为先天的弱势群体，在求职、薪酬谈判、晋升等多个环节都可能受到劳动力市场的隐形歧视。最后，女性还承担着生育的直接责任，在生育行为发生后必然会在相当长的一段时间内退出劳动力市场，这对其拥有稳定的职业生涯构成了严峻的挑战。劳动力市场是现代社会个人获取收入的主要来源，劳动力市场参与不足必然导致收入短缺，同时也会受到社会保险制度和社会支持网络的排斥，现有研究普遍认为劳动力市场参与不足是贫困女性化的直接成因（Gerşil，2015）。

第三，国家制度层面。国家制度对贫困女性化的建构根源于市场机制，且主要体现在社会保障制度层面。社会保障本是反贫困的重要手段，自然也包括女性贫困，但面对市场和社会中日益鲜明的性别差异，社会保障制度设计并未对此给予足够的重视，由此造成对女性的覆盖和保障程度远远低于男性。Sainsbury（1996）在《性别、平等和福利国家》一书中指出，男性多从事正规工作，从而进入社会

① OECD. 2019. Gender，institutions and development database（GID-DB）2019[EB/OL]. https://stats.oecd.org/Index.aspx?DataSetCode=GIDDB2019[2021-08-22].

保险系统，女性多从事非正规工作或没有工作，从而进入社会救助系统，二者的性质差异导致女性难以在以社会保障制度为核心的收入再分配中获得足够的补偿，社会救助待遇一般仅能维持生存，社会保险待遇才能保障基本生活水平。20世纪80年代以来，世界范围内的积极福利改革进一步加剧了社会保障制度对女性的排斥（吉登斯，2000），作为市场参与的弱势群体，女性通常难以履行一些传统社会救助项目施加的就业义务，在社会保障制度中的处境进一步恶化，甚至被社会保障所排斥（White，2000）。总之，由于缺乏基于社会性别视角的设计，社会保障等国家制度在缓解女性贫困的同时，也进一步拉大了贫困的性别差距，加剧了贫困的女性化趋势。

第四，社会层面。社会对贫困女性化的建构是家庭、市场和国家制度三种机制共同作用的结果，由此造成女性缺乏社会支持。社会支持是一定社会网络运用相应的物质和精神手段对社会弱者进行无偿帮助的一种选择性社会行为，既包括来自政府、单位、社区和民间组织等的正式支持，也包括来自亲属、朋友、同事和邻里等的非正式支持（陈成文和潘泽泉，2000）。女性的社会支持网络相对狭窄，以非正式支持为主，正式支持较为匮乏（陈龙芳，2012）。家庭的束缚和市场的排斥阻碍了女性的社会参与，并导致女性失去了获取正式支持的主体资格。家庭的闭合形态限制了女性参与社会互动的机会和条件，市场的开放形态则让男性拥有丰富的社会网络资源和平台。同时，国家制度的性别盲视又加剧了正式支持对女性的忽视，造成社会缺乏对女性的主动关怀。社区是女性日常生活和社会网络拓展的主要平台，但受国家制度惯性的约束，社区服务体系建设缺乏性别视角，未考虑女性的特殊需求，面向女性的心理咨询、情感疏导等社会心理服务尤为不足。社会支持的缺乏，不仅会维持和强化女性的物质贫困，还容易使其遭受社会疏离，陷入精神贫困，甚至形成贫困文化（仲超，2019）。

家庭、市场、国家制度和社会四种机制的分别作用及其交互作用建构了贫困女性化（图 2-1）。基于生理差异的性别分工赋予女性家庭照顾者的角色，导致女性无法正常参与市场和社会，在家庭资源分配中陷入从属地位。家庭的束缚和生理差异直接带来的排斥又造成女性在市场中处于劣势地位，不仅难以获取足够的经济收入，还缺少享受社会保障等国家制度提供的职业保障和补偿的劳动者主体资格，受到收入再分配的排斥。同时，在家庭、市场和国家制度的共同作用下，社会机制难以为女性提供足够的支持，进一步加剧了女性的贫困处境。

2.2.2　社会性别理论

20世纪60年代，社会性别理论发端于美国，是在女权主义运动的实践中逐

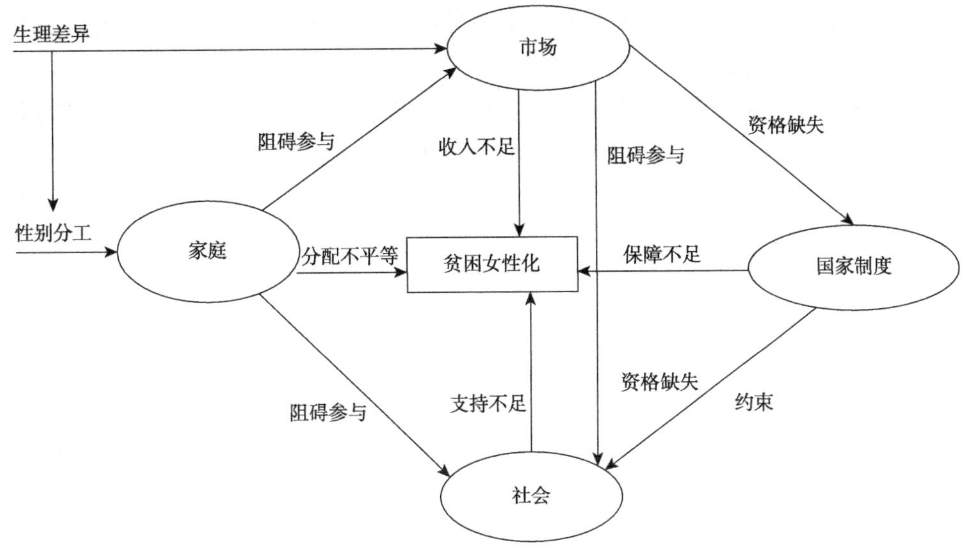

图 2-1　贫困女性化建构机制网络图

步发展和成熟起来的。该理论认为，在生物学上人类有男女之别，但更多的是文化促成了男性气质或女性气质的差别，并且男性气质或者女性气质能够随着时间和空间的变化而改变。因为男女两性的社会角色存在差异，由此带来男女在社会分工和社会地位方面的差异，并通过社会建构使男性身份的优势和女性身份的相对低等具备合法性（刘明辉，2012）。

国内外许多专家学者对社会性别做出了不同的界定。麦金农认为，社会性别是指社会造成的基于性别基础上的思想、观念和行为模式，是后天习得的社会性角色，是由社会建构的差别即性构（MacKinnon，1983）。米莉特指出，现在及整个历史的进程中，两性关系属于支配和从属的关系，是男性在我们的社会秩序中按天生的权力对女性实施的支配，通过这一体制实现了一种十分精巧的内部殖民（米莉特，1999）。女性主义代表人物波伏娃的经典论断指出：造成男女两性不平等的因素，并不是男女两性生理上的差异，而是社会性别差异，一个女人之所以为女人，并不是生就的，而是逐渐形成的（波伏娃，1998）。刘春湘和刘莎（2010）认为，社会性别是男女生理性别特质差异在社会生活中的异化和扩大化，并将这种异化和扩大化强加到人的社会化过程中，成为男女社会区分的一种属性。赵群和王云仙（2011）在《社会性别与妇女反贫困》一书中指出，社会性别是指人们所认识到的基于男女生理差别之上存在的社会性别差异和社会性关系。结合不同专家学者的理解，可以发现，社会性别其实是与生理性别相对应的概念，是由社会基于生物性别构建的男性和女性不同的社会角色，具体指的是人们在所给定的特有社会中由社会赋予人们的思想、属性（特性）、充当的角色、行动方式和其所负的责任等，它将男女两性自然属性的差异扩大到社会生活领域，强调性别差异更多是后天建构而成的。

社会性别差异自 20 世纪 60 年代被提出以来，国际妇女运动中社会性别的概念被频繁使用，联合国、一些国家和地区也开始采用社会性别的概念，用来解释和分析人类历史上普遍存在的性别不平等现象。20 世纪 90 年代以来，社会性别分析被确认为是达到两性平等的一种新的概念方法，“社会性别”已逐步与“阶级”“种族”一样，成为研究社会学一个基本的分析范畴，被各个人文社科领域所广泛采用（宋健，2012）。

社会性别差异导致的福利差异主要源于家庭、劳动力市场及社会制度方面。

第一，家庭。家庭内部的不平等是指家庭成员并不总是平等地获得资源，平等地分享收入，或者平等地从支出中获益。由此，传统的社会性别结构、劳动的性别分工和社会政策中的性别盲视等造成了女性在家庭资源配置中处于劣势地位。许多社会保障政策都把家庭作为一个整体，把妇女作为妻子或者母亲，而不是作为个人。大多数社会保障政策关注的是家庭间的收入再分配，而不是家庭内部的再分配。在社会保障计划中，当家庭被视为一个单位时，从整体上看，有两种方式会将妇女置于不利地位。一是当收入保障政策提供福利时，假定所有家庭成员都同样富裕，所有家庭成员都享有同样的收入，但是证据表明并不是所有的家庭都这样，其实家庭内部成员之间也存在贫富差距。二是当收入保障政策为个人提供利益时，通常有一个隐含的假设，即福利是给所有家庭成员的而不是针对个人，但是这种情况不一定会发生。尽管失业保险和养老金等福利通常是个人的权利，但都是为家庭提供的。在这两种情况下，女性获得收入保障的权利都是得不到有效保证的（MacDonald，1998）。

女性通常因生育会中断职业生涯，还会因照顾家庭中的老人、病人、残疾人和儿童等被迫选择具有灵活性和收入低的工作岗位，或者阶段性地退出劳动力市场（宁满秀和荆彩龙，2015）。福利国家的社会供给往往具有性别区分的作用，造成了男女双轨式的福利，男性因为长期从事正式稳定工作进入福利待遇较好的社会保险系统，而女性因为承担了更多的家庭照顾责任，要么处于失业状态，要么从事工作弹性较大、临时性的工作，因此，她们更多进入了社会救助系统，社会保险和社会救助这两个系统福利待遇差别较大也导致了女性贫困化（Sainsbury，1996）。还有日本的研究者发现，目前日本的公共服务水平对老年人来说并不充分，这些机构数量只能满足生活能够自理的老年人的需要，而私人护理机构的数量非常少，并且对于普通市民来说，护理机构价格昂贵，因此在多数情况下，至少有一名家庭成员必须在家作为主要看护人照顾老人、病人、残疾人或者孩子，考虑到现有的文化规范、社会性别分工和工资的性别差异，女性往往成为看护人（Mikanagi，1998），其实不止日本如此，在许多国家都是女性承担了看护人的责任。许多国家由于财政有限，承担家庭照顾的妇女并没有被纳入社会保障的体系内，导致社会保障对男性的覆盖率远远大于女性，女性的社会保障权益受到损害。

第二，劳动力市场。随着经济转型与经济结构调整，规模庞大的女性投身劳动力市场。然而，虽然女性的劳动参与率在逐步攀升，但女性所从事的行业大多是劳动密集型行业，而男性多集中在资本密集型行业（Millar and Glendinning，1992）。例如，与欧洲其他国家相比，挪威支持已婚妇女和母亲进入劳动力市场的政策很少，这就导致挪威女性进入劳动力市场的速度较慢，她们对劳动力市场的依赖程度较低，就业领域的性别差距更大，已婚女性对男性的经济依赖程度高，单亲母亲的贫困率更高（Millar，2003）。Folbre 和 Nancy（1995）在关于拉丁美洲社会保险发展讨论中，认为社会保险强化了男性家庭工资的观念，并加强了男性的经济权威和女性在经济上对男性的依赖。总的来看，社会保险制度的对象主要是有工资收入的劳动者，因此，未就业女性就被排斥在社会保险制度之外，当生活陷入贫困时，她们只能靠微薄的救助金生活，这样看似平等的社会保障制度在不平等的环境中运行产生了不平等的结果，其实加大了社会性别差异。

第三，社会制度。目前，一些社会制度本身存在性别盲视问题，进一步固化了性别差异。歧视性的社会制度会弱化女性参与生活的能力，进而对女性发展成果造成不良的消极影响。OECD 的社会制度和性别指数（social institutions and gender index，SIGI）反映了男女不平等是客观存在的。该指数是衡量社会机构中对妇女歧视的一项跨国指标，反映了歧视性的制度跨越女童和妇女生活的所有阶段，限制她们获得正义、权利和赋予权力的机会，削弱她们对生活选择的机会和决策权力，其衡量指标包括五大领域，既包括经济和公共参与，也包括私人领域，具体有：区别对待的家庭准则；对身体自主性的限制；男孩偏好；对资源和财产的限制；对公民权的限制。社会制度和性别指数既关注状况和行为，也关注态度；既搜集相关定量信息，也根据消除歧视公约评估等搜集相关的定性信息，应该说，该指数除了能够关注到各国的妇女保护法律文本外，还可以关注到相关法律文本的落实和实践情况。社会制度和性别指数考察歧视与发展结果之间的关系，其衡量方法是：指数越接近 0，表示歧视越少；指数越接近 1，表示歧视越严重。衡量的结果分为五个等级，分别是：很少歧视；少歧视；中等歧视；高歧视；严重歧视。

2014 年社会制度与性别指数的全球性发现如下：女性无酬劳动的时间是男性的 3 倍；160 个国家中只有 55 个国家在法律和实践中都给予妇女平等的继承权；有 35%的女性相信在某些情况下家庭暴力是合理的；有 102 个国家的法律或实践拒绝给予女性平等的土地权。综合起来看，对女性制度性歧视较少的国家是比利时、法国、斯洛文尼亚、西班牙；较严重的国家是也门、苏丹、赞比亚、马里共和国、乍得。亚洲地区制度性歧视最少的国家是蒙古国，蒙古国虽然也有 1/3 的妇女遭受过家庭暴力，女议员只占议员总数的 14.9%，但蒙古国实行男女相一致的法定结婚年龄，保障男女同等继承权，2011 年的性别平等促进法提出要把 40%的政府管理岗位提供给女性。按照大多数国家的经验数据，出生性别比的正常范围为 103~107（即每出生 100 个女婴相应出生的男婴数量为 103~107 个），我国出生性别比在 20 世纪 70 年代以前基本处于正常范围，20 世纪 80 年代后，在低生育率背景下，中国出生性别比持续攀升，1982 年出生性别比达到 108.5，2000 年第五次全国人口普查时达到 116.9，2010 年第六次全国人口普查时性别比继续上升到 118.1。2020 年第七次全国人口普查时性别比为 111.3，有所回落，1982 年中国尚有一半的省区市的出生性别比在 103~107 的范围内，1990 年这一范围缩减到 1/3，2000 年第五次全国人口普查时进一步缩减，只有西藏、新疆和贵州 3 个省区的出生性别比在正常范围内，个别省区市出生性别比甚至超过了 130，由此显示出男孩偏好方面愈演愈烈之势。出生性别比持续偏高的背后是女婴生命权遭受威胁的现实，即通过人工流产淘汰女性胎儿，对女婴的生命安全造成威胁。另外，出生性别比持续升高会造成未来人口的婚姻挤压问题，婚龄期人口性别结构的平衡被打破，进而会造成一系列社会问题（宋健，2012）。当然，男孩偏好的背后，并不仅仅出于生育意愿及“重男轻女”的传统观念影响，而且涉及诸多制度性的因素，因此，需要从消除制度性的歧视来入手，如男孩偏好与农村妇女的土地权益、妇女的受教育机会及妇女在劳动力市场和工作场所中遭受到的歧视都有着密切的联系。

2.2.3　社会排斥理论

社会排斥的概念源于 20 世纪六七十年代的法国，最初是在研究贫困和社会不平等的过程中出现的，其关注点在于某些群体贫困的过程和以生活不稳定为主要特征的生存状况（李敏，2015）。20 世纪 80 年代，欧洲经历了经济全球化的重建过程，大规模的经济变迁引发了结构性失业，造成了“新贫困”问题，社会冲突加剧，社会团结被削弱，面对这种现实情况，理论界做出了迅速回应，赋予了社会排斥新的概念。社会排斥成为描述和分析在个人和群体及更大的社会之间建立团结上所存在的障碍和困难的一种新方法，是指个人与社会之间的诸多纽带被削弱或断裂的一系列过程（斯特罗贝尔，1997），此时，社会排斥不同于传统的贫困，包含了由于长期失业造成的个人与社会之间相互关系的中断这样一个社会解体的过程（李敏，2015）。20 世纪 90 年代开始，新贫困或社会排斥成为欧盟社会政策的焦点，社会排斥还被写进了欧盟《社会宪章》的序言，1993 年欧洲委员会发表的白皮书《欧盟社会政策：联盟的前进方向》中确定了欧盟社会政策的核心是避免社会排斥，这意味着社会排斥是欧盟社会政策的重点（Rees，1998）。欧盟认为社会排斥或新贫困是社会权利未能实现，经济维度不是贫困的唯一因素，社会权利的缺乏是贫困的重要原因，因为社会权利缺乏会导致社会成员不能参与劳动力市场并难以获得最低生活保障，进而陷入普遍而持续的不利状态。因此，从这个角度看，社会排斥或新贫困是对公民身份的否定，是确保公民资格充分实现的社会制度的崩溃和失灵，也就是说，社会成员希望以公民的身份参与社会而被他们难以控制的社会因素阻碍了，从而导致社会成员的公民权利没有得到实现（李敏，2015）。除欧盟外，新贫困与社会排斥的概念还在美国和不少发展中国家获得广泛关注，美国社会学家卡斯特（2003）认为，社会排斥是在由社会制度和价值架构的社会标准中，某些个体及团体被有系统地排除于能使他们自主的地位之外，它是一个动态的过程而非静态。此外，不少学者认为把产生于欧洲的社会排斥话语投射或应用到发展中国家可以提供一个一般性架构的方式，是产生政策洞见的好方式，它是一个有价值的概念，可以用来解释发展中国家面临的社会问题（Rodgers，1996）。总之，社会排斥独特之处在于其聚焦于社会关系议题，即不足够的社会参与、缺乏社会整合和缺乏权利，研究者不应只关注贫困本身，还要关注导致贫困的社会关系根源，不单要关注贫困者物质上的匮乏，还要关注贫困者是如何透过不同的过程被排斥于主流社会之外进而被边缘化的，这些过程包括获取与就业相关的资源和参与社区与文化活动（李敏，2015）。可以说，社会排斥理论的兴起强调从参与的角度研究新贫困问题，把非经济因素纳入了对贫困问题的分析框架，这给反贫困提出了新的思路。

社会排斥理论对贫困女性化研究的吸引力在于其具有多维性、动态性、地方性和关联性的特点（Millar，2003），是一个展示原因、过程、状态和结果的操作性概念。参与是社会排斥概念中最重要的元素，Burchardt 等（1999）指出，社会排斥是指个人没有以所处社会的公民身份参与正常活动，社会成员在消费、储蓄、生产、政治和社会互动中的参与不足都可能是社会排斥的体现。英国社会排斥研究中心据此提出了社会排斥的五个衡量维度：低水平的生活、缺乏保障、缺乏参与、缺乏决策权力和缺乏社会支持，这五个维度对于贫困女性化具有重要的解释意义。实际上，将社会排斥理论嵌入社会性别理论后，贫困女性化可以被视为一种性别排斥，从某种意义上讲，性别排斥是性别分工的延伸。性别分工将男性和女性分化为两种社会群体，这两个群体虽然同属一个生态系统，但二者之间存在明显的断裂与不平等。如果说社会性别理论为贫困女性化提供了研究基点，揭开了贫困女性化的面纱，社会排斥理论则为贫困女性化提供了分析工具，推动了贫困女性化建构机制和应对策略研究的深化。

2.2.4 福利依赖理论

西方国家从20世纪80年代起开始重点关注福利依赖及其对就业的负面影响。20世纪80年代以前，福利国家处于发展的黄金时代，社会救助被视为政府的当然责任和公民的应得权利，几乎没有对受助者就业方面的硬性规定和要求。然而，20世纪80年代后，经济社会环境的改变使情况发生了很大变化，尤其是美国，每届政府都不约而同地把福利改革作为政府竞选和政策执行的重要内容（徐丽敏，2008），导致社会救助制度也发生了重大改变。社会救助作为最具历史的社会保障项目，也作为社会保障体系中不可或缺的基础部分，通常采取家计调查的方式，为有需要的人提供现金、实物或服务，以帮助其达到最起码的生活水平（Gough et al.，1997）。如前文对社会救助的概念界定中所述，社会救助包含两大基本目标：一是为贫困群体提供物质帮扶；二是消除对贫困群体的社会排斥（Ditch，1999）。然而，对于第二个目标，许多学者和政策制定者存在异议，因为他们认为社会救助非但无法消除社会排斥，反而会导致社会排斥（Steinert，2002），因为救助对于贫富差距的调节作用有限，且可能造成福利依赖，不利于就业甚至影响经济发展，那些长期领取救助的人会滋生一种"依赖文化"，福利依赖会使其被排斥在劳动力市场和主流社会之外。

关于福利依赖的概念尽管并没有明确的定义，但是在关于福利改革的讨论中，绝大多数参与者都借助了福利依赖这一被主观建构出来的概念，把它看成重要的社会问题，美国政治哲学家迈克尔·诺瓦克指出，贫困的核心问题是福利依赖（Novak，1987），美国政治学家和社会学家丹尼尔·莫伊尼汉更是直接指出，美国的福利问题其实可以简单地归结为福利依赖问题（Moynihan，1986）。他们一致认为福利依赖有两大明显特点：一是贫困救助项目向福利领取者提供现金帮扶；二是福利领取者有明显的依赖行为。尽管依赖是一种个体行为，但却是整个福利领取群体共有的特性，"依赖阶级"这一说法由此产生并流行开来。正如美国政治学家、家长制福利的代表人物劳伦斯·米德所言，当前的社会问题已不再是负责任的公民及其家庭的贫困化，而是广泛存在的福利依赖，数以百万计的美国公民，包括许多劳动年龄段内的成年人都在依靠政府提供的福利生活（Mead，1986）。迈克尔·诺瓦克、丹尼尔·莫伊尼汉和劳伦斯·米德均是保守主义者，反对政府干预和各类社会保障计划，因而他们对福利的拒斥态度不足为奇，但出人意料的是，这一时期自由主义者也把福利依赖看成不容忽视的社会问题，尽管他们不像保守主义者那样认为福利依赖的致因是贫困者个人因素和行为，但是他们认为就业机会不足、经济衰退等外部经济社会因素，以及福利领取者人力资本的低下和福利项目自身设计缺陷都会造成福利领取者不愿退出福利，进而形成贫困陷阱和福利的代际传递（Lee and Abrams，2001）。由上可见，虽然保守主义者和自由主义者持不同的理论观点和话语体系，在福利领取者等同于福利依赖方面却罕见地达成了共识，福利依赖问题由此顺理成章地成为美国福利辩论和政界的关键词。随着人们对福利依赖研究的进一步深入，对福利依赖概念的界定可以被大致划分为问题行为说、依赖文化说、制度缺陷说及生存策略说，不同的学说其实在对福利依赖的概念界定和侧重点上有所不同（表 2-1）（刘璐婵，2016）。

表 2-1　福利依赖理论的相关学说

福利依赖学说	代表人物	概念	侧重点
问题行为说	乔治・吉尔德、查尔斯・默里	福利依赖是受助者表现出的问题	受助者价值观异常、行为病态、个性懒惰消极、自暴自弃、隐瞒收入、丧失工作积极性
依赖文化说	彼得・桑德斯	福利依赖是一种亚文化	受助者形成失业的行为惯性、形成获取稀缺资源的稳定预期、形成“底层心态”、依赖文化由父代传递给子代
制度缺陷说	劳伦斯・米德、尼尔・吉尔伯特	福利依赖是福利制度的安排本身产生的负激励效应	现金形式的救助水平高、叠加福利多、替代率高并具有较高的边际税率，对受助者就业激励不足，甚至诱使其放弃工作，损害受助者脱贫能力
生存策略说	南希・弗雷泽、琳达・戈登	福利依赖是受助者进行成本—收益分析后做的理性决策	受助者进行“权衡后的理性选择”、策略性地降低劳动供给、将社会救助作为最后的生计诉求

资料来源：刘璐婵（2016）

问题行为说强调福利依赖是受助者的行为问题，受助者自身的行为导致其贫困；依赖文化说强调福利依赖是下层阶级的一种心态，由此形成了亚文化，以上两种学说突出受助者个人和群体的问题，忽视了社会结构方面的因素。制度缺陷说强调福利制度自身设计与实施的弊病；生存策略说强调福利依赖是受助者权衡成本—收益后的决策，是迫不得已的无奈选择。这两种学说也具有一定的片面性，制度缺陷说忽视了就业市场的情况和受助者本人的问题，把福利依赖完全归咎于福利制度；生存策略说也存在忽视受助者自身原因及就业市场和福利制度联动情况的问题。尽管以上这些学说都存在一定的理论缺陷，但无论如何它们共同构成了福利依赖理论。福利依赖理论虽然缺乏事实依据和经验研究结论的支撑，但是由于保守主义者和自由主义者在福利领取者等同于福利依赖方面达成了共识，导致该理论影响甚广，福利依赖问题被建构成一个严重的社会问题并在西方福利改革的讨论中占据了核心位置（张浩淼，2017）。也就是说，西方国家希望借福利依赖的理论来重塑福利国家中政府与个人的权责划分、培育公民的责任心和重建自力更生的价值观，这得到了不同党派的认可和支持，福利依赖也因此被塑造成为急需摆上议事日程的重要问题，并成为政界的关键词之一。

研究者对福利依赖的致因有多种解释。Kaplan（2001）认为，无工作或失业等诸多原因，可能会使一个家庭产生福利依赖。还有学者通过经验研究提出，就业市场、失业时间、人口密度、社区结构、酒精和药物上瘾、移民与非法生育等因素均与福利依赖相关（徐丽敏，2008）。当然，导致福利依赖最重要的原因与劳动力市场或失业有关，如 Field（1999）的经验研究发现，英国半熟练和非熟练工人就业市场的缩小，是英国救助对象快速增加和福利依赖的催化剂。Melkersson 和 Saarela（2004）通过研究发现，个人失业时间的长短是福利依赖产生与否的决定因素。其实，家长制福利制的代表人物劳伦斯·米德关于工作福利的主要假设就是失业或无业是福利依赖和长期贫困的主要原因（迪肯，2011）。由此可见，失业或无业与福利依赖的关系十分紧密。因此，为了应对福利依赖问题，福利改革讨论的参与者主张削减福利开支，使得福利待遇低于就业收入，并主张自由市场优先和家庭优先，进行私有化改革和道德精神救助，他们认为只要福利领取者参与劳动力市场且不再领取福利就会摆脱依赖，进而就会实现独立自主并履行公民责任，而为了让受助者不再领取福利金，需要强制性地让福利领取者进入劳动力市场，由此，包括工作福利在内的“激活”政策应运而生，这类政策奖惩并用，主要包括各种形式的“从工作到福利”项目，如培训、工作介绍与推荐、公共服务工作项目等，还包括对不遵守就业或寻找工作义务者的救助金进行削减甚至取消等。工作福利政策主张减少福利依赖，增加个人责任感，帮助福利领取者摆脱救助、实现自立。当然，仅仅通过就业并不一定能够确保受助者摆脱福利依赖，因为现实中能接纳福利领取者，或者说福利领取者能够获得的工作一般并不能提供足以维持基本生活的收入，因此，仅靠就业（包括他雇与自雇），而无其他支持性或辅助性的措施，尤其是帮助福利领取者积累与发展人力资本的措施，如教育、培训等，是无法真正避免福利依赖的，西方出现的工作贫困或“穷忙”（working poor）群体就是最好的例证。另外，如果单纯为了防止或避免福利依赖而强制福利领取者进入劳动力市场，还可能引发悲惨结果，如近些年香港的综合社会保障援助计划要求受助者应该自力更生，规定所有具备劳动能力的申请人都要参加义务劳动，这导致部分贫困群体宁愿忍受贫困，甚至自杀，也不愿去申请社会救助（陈泽群，2007）。

第3章　困难家庭人口经济状况的性别差异

我国的减贫事业取得了巨大成效，已经完成了消除绝对贫困的历史任务，但是也应注意到，老年女性、单亲母亲、残疾女性等弱势群体面临更高的相对贫困风险且摆脱困境的能力相对较弱。本章在关注困难家庭户主性别的基础上，关注社会性别与人口、经济等要素的互动，力图勾勒出我国困难家庭的不同样貌。

3.1　困难家庭人口构成的性别差异分析

一般而言，家庭成员有残疾或疾病进而丧失劳动能力的家庭因为经济负担沉重更容易陷入贫困，而如果这样的家庭再有成员失业情况则会雪上加霜，大大提高贫困的发生率，由此可见，家庭人口构成对于家庭是否陷入贫困有重要影响。

笔者通过将低保家庭数据从 2013 年中国城乡困难家庭社会政策支持系统建设数据中抽离出来，按城乡和户主性别进行划分，进而从家庭人口数量、不同劳动能力人口数量、有工作人口数量、有固定工作人口数量、家庭残疾人口数量、患慢性病人口数量六个方面的影响因素分析男女户主之间人口经济特征的相关性，具体将分析以下方面的性别差异。

3.1.1　家庭人口数量上困难家庭性别差异分析

根据对调查数据的分析，我国城乡困难男女户主家庭的家庭人口数量差异分析如表 3-1 所示。

表 3-1 困难家庭成员数量上的户主性别差异分析

家庭成员数量	城市			农村		
	男户主	女户主	总计	男户主	女户主	总计
1 人	538 户	530 户	1068 户	831 户	442 户	1273 户
	50.4%	49.6%	100.0%	65.3%	34.7%	100.0%
2 人	633 户	768 户	1401 户	1550 户	270 户	1820 户
	45.2%	54.8%	100.0%	85.2%	14.8%	100.0%
3 人	1266 户	649 户	1915 户	1031 户	186 户	1217 户
	66.1%	33.9%	100.0%	84.7%	15.3%	100.0%
4 人	333 户	202 户	535 户	710 户	102 户	812 户
	62.2%	37.8%	100.0%	87.4%	12.6%	100.0%
5 人	63 户	52 户	115 户	333 户	29 户	362 户
	54.8%	45.2%	100.0%	92.0%	8.0%	100.0%
6 人	14 户	12 户	26 户	100 户	11 户	111 户
	53.8%	46.2%	100.0%	90.1%	9.9%	100.0%
7 人	6 户	3 户	9 户	23 户	2 户	25 户
	66.7%	33.3%	100.0%	92.0%	8.0%	100.0%
8 人	1 户	1 户	2 户	9 户	1 户	10 户
	50.0%	50.0%	100.0%	90.0%	10.0%	100.0%
总计	2854 户	2217 户	5071 户	4587 户	1043 户	5630 户
	56.3%	43.7%	100.0%	81.5%	18.5%	100.0%

注：卡方检验之城市，皮尔森卡方=168.79，自由度=7，显著性（双侧）=0.000；卡方检验之农村，皮尔森卡方= 299.543，自由度=7，显著性（双侧）=0.000

卡方检验结果显示，城市和农村困难男女户主家庭在困难家庭人口数量方面都存在显著差异。如表 3-1 所示，城市困难男女户主家庭在家庭人口数量方面差异显著，除了在 2 人之家中女户主家庭占比稍多于男户主家庭外，其余家庭人口数量，男户主家庭占比基本上都是多于女户主家庭的，这在 3 人、4 人、7 人之家尤为明显，还有 8 人之家占比相同。对农村困难家庭而言，在家庭人口数量方面，男户主家庭占比在所有家庭人口数量选项上都远远高于女户主家庭，差异非常显著，而且大致呈现出家庭人口数量越多，男户主占比越高的趋势。总体来看，城乡困难男女户主家庭占比在人口数量上基本上都是男户主多于女户主家庭，此外，城市困难女户主家庭占比高于农村困难女户主家庭，这可能与男女社会地位不平等的传统观念在城乡存在差别有关系，也在一定程度上说明城市女户主困难问题相较于农村更加突出。

3.1.2　不同劳动能力人口数量上困难家庭性别差异分析

根据对调查数据的分析，我国城乡困难男女户主家庭的家庭有劳动能力的人口数量差异分析如表 3-2 所示。

表 3-2　困难家庭劳动能力人口数量上的户主性别差异分析

有劳动能力的人口数量	城市			农村		
	男户主	女户主	总计	男户主	女户主	总计
0 人	697 户	623 户	1320 户	1613 户	525 户	2138 户
	52.8%	47.2%	100.0%	75.4%	24.6%	100.0%
1 人	973 户	914 户	1887 户	1548 户	324 户	1872 户
	51.6%	48.4%	100.0%	82.7%	17.3%	100.0%
2 人	964 户	557 户	1521 户	988 户	138 户	1126 户
	63.4%	36.6%	100.0%	87.7%	12.3%	100.0%
3 人	179 户	99 户	278 户	316 户	45 户	361 户
	64.4%	35.6%	100.0%	87.5%	12.5%	100.0%
4 人	35 户	17 户	52 户	108 户	9 户	117 户
	67.3%	32.7%	100.0%	92.3%	7.7%	100.0%
5 人	4 户	2 户	6 户	15 户	1 户	16 户
	66.7%	33.3%	100.0%	93.8%	6.2%	100.0%
6 人	1 户	2 户	3 户	3 户	1 户	4 户
	33.3%	66.7%	100.0%	75.0%	25.0%	100.0%
7 人				0 户	1 户	1 户
				0	100.0%	100.0%
8 人				1 户	0 户	1 户
				100.0%	0	100.0%
总计	2853 户	2214 户	5067 户	4592 户	1044 户	5636 户
	56.3%	43.7%	100.0%	81.5%	18.5%	100.0%

注：卡方检验之城市，皮尔森卡方=65.613，自由度=6，显著性（双侧）=0.000；卡方检验之农村，皮尔森卡方= 106.895，自由度=8，显著性（双侧）=0.000

卡方检验结果显示，家庭劳动人口数量在城市和农村困难男女户主家庭中都存在显著差异。如表 3-2 所示，城市困难男女户主家庭在家庭劳动人口数量方面差异显著，在劳动能力人口数量方面，男户主家庭占比基本上都多于女户主家庭，而且在 5 人及以下户中，男户主家庭占比随着劳动人口数量增加呈现出曲折上升的趋势。对农村困难家庭而言，在不同家庭劳动能力人口数量上，男户主家庭占比基本上都具有压倒性优势（7 人户除外），而且大致呈现出家庭劳动人口数量越多，男户主占比越高的趋势，这可能与女性在农村地位较低有一定关系。总体来看，城乡困难男女户主家庭占比在劳动人口数量上基本上都是男户主多于女户主家庭，但城市困难女户主家庭占比高于农村困难女户主家庭占比，这可能与男女社会地位不平等的传统观念在城乡存在差别有关系。

3.1.3　有工作人口数量上困难家庭性别差异分析

根据对调查数据的分析，我国城乡困难男女户主家庭有工作的人口数量差异分析如表 3-3 所示。

表 3-3　困难家庭工作人口数量上的户主性别差异分析

有工作的人口数量	城市			农村		
	男户主	女户主	总计	男户主	女户主	总计
0 人	1316 户	1066 户	2382 户	3146 户	794 户	3940 户
	55.2%	44.8%	100.0%	79.8%	20.2%	100.0%
1 人	1068 户	862 户	1930 户	832 户	168 户	1000 户
	55.3%	44.7%	100.0%	83.2%	16.8%	100.0%
2 人	398 户	243 户	641 户	452 户	63 户	515 户
	62.1%	37.9%	100.0%	87.8%	12.2%	100.0%
3 人	33 户	15 户	48 户	111 户	15 户	126 户
	68.8%	31.2%	100.0%	88.1%	11.9%	100.0%
4 人	3 户	2 户	5 户	39 户	4 户	43 户
	60.0%	40.0%	100.0%	90.7%	9.3%	100.0%
5 人	1 户	1 户	2 户	9 户	0 户	9 户
	50.0%	50.0%	100.0%	100.0%	0	100.0%
6 人				1 户	0 户	1 户
				100.0%	0	100.0%
8 人				1 户	0 户	1 户
				100.0%	0	100.0%

续表

有工作的人口数量	城市			农村		
	男户主	女户主	总计	男户主	女户主	总计
总计	2819 户	2189 户	5008 户	4591 户	1044 户	5635 户
	56.3%	43.7%	100.0%	81.5%	18.5%	100.0%

注：卡方检验之城市，皮尔森卡方=13.619，自由度=5，显著性（双侧）=0.018；卡方检验之农村，皮尔森卡方= 30.973，自由度=7，显著性（双侧）=0.000

卡方检验结果显示，有工作的人口数量在城市和农村困难男女户主家庭中均存在显著差异。如表 3-3 所示，困难家庭在有工作的人口数量方面的性别差异显著。在家庭有工作的人口数量方面，男户主家庭占比远高于女户主家庭，居于主导性的地位，而且占比差距较为明显。随着家庭中有工作的人口数量逐渐增加，男女户主家庭的绝对数量虽然在下降，但是通过男女户主家庭相对数量的对比发现，男户主家庭的数量仍高于女户主家庭，这可能受到了样本数量中男女户主家庭绝对数量差异的影响，但是也可能反映出随着家庭有工作人口数量的增加，女性作为家庭户主的概率在逐渐下降，这可能是由于生理、家庭养育和照顾、职业歧视等多方面的因素。

3.1.4　有固定工作人口数量上困难家庭性别差异分析

根据对调查数据的分析，我国城乡困难男女户主家庭有固定工作的人口数量差异分析如表 3-4 所示。

表 3-4　困难家庭有固定工作的人口数量上的户主性别差异分析

有固定工作的人口数量	城市			农村		
	男户主	女户主	总计	男户主	女户主	总计
0 人	2425 户	1933 户	4358 户	3614 户	877 户	4491 户
	55.6%	44.4%	100.0%	80.5%	19.5%	100.0%
1 人	340 户	236 户	576 户	562 户	117 户	679 户
	59.0%	41.0%	100.0%	82.8%	17.2%	100.0%
2 人	75 户	39 户	114 户	319 户	43 户	362 户
	65.8%	34.2%	100.0%	88.1%	11.9%	100.0%
3 人	2 户	2 户	4 户	69 户	6 户	75 户
	50.0%	50.0%	100.0%	92.0%	8.0%	100.0%

续表

有固定工作的人口数量	城市			农村		
	男户主	女户主	总计	男户主	女户主	总计
4人	0户	1户	1户	22户	1户	23户
	0	100.0%	100.0%	95.7%	4.3%	100.0%
5人				4户	0户	4户
				100.0%	0	100.0%
6人				1户	0户	1户
				100.0%	0	100.0%
8人				1户	0户	1户
				100.0%	0	100.0%
总计	2842户	2211户	5053户	4592户	1044户	5636户
	56.2%	43.8%	100.0%	81.5%	18.5%	100.0%

注：卡方检验之城市，皮尔森卡方=8.019，自由度=4，显著性（双侧）=0.091；卡方检验之农村，皮尔森卡方=24.274，自由度=7，显著性（双侧）=0.001

卡方检验结果显示，家庭中有固定工作的人口数量在城市困难男女户主家庭中无显著差异，而在农村困难男女户主家庭中存在显著差异。如表 3-4 所示，农村困难男女户主家庭在有固定工作的人口数量方面差异显著，有固定工作的人口数量方面，男户主家庭占比均远远高于女户主家庭，居于主导性的地位，而且占比差距非常明显，随着家庭中有固定工作的人口数量增加，男户主家庭的数量占比逐渐上升，女户主家庭数量占比逐渐下降，这可能在一定程度上反映出农村女户主家庭在固定就业方面的劣势地位。

3.1.5 家庭残疾人口数量上困难家庭性别差异分析

根据对调查数据的分析，我国城乡困难男女户主家庭中的残疾人口数量差异分析如表 3-5 所示。

表 3-5 困难家庭中残疾人口数量上的户主性别差异分析

家中有几位残疾人	城市			农村		
	男户主	女户主	总计	男户主	女户主	总计
0人	2043户	1753户	3796户	3016户	828户	3844户
	53.8%	46.2%	100.0%	78.5%	21.5%	100.0%

续表

家中有几位残疾人	城市			农村		
	男户主	女户主	总计	男户主	女户主	总计
1 人	721 户	401 户	1122 户	1349 户	201 户	1550 户
	64.3%	35.7%	100.0%	87.0%	13.0%	100.0%
2 人	77 户	38 户	115 户	208 户	14 户	222 户
	67.0%	33.0%	100.0%	93.7%	6.3%	100.0%
3 人	3 户	3 户	6 户	16 户	1 户	17 户
	50.0%	50.0%	100.0%	94.1%	5.9%	100.0%
4 人	1 户	0 户	1 户	1 户	0 户	1 户
	100.0%	0	100.0%	100.0%	0	100.0%
5 人				1 户	0 户	1 户
				100.0%	0	100.0%
总计	2845 户	2195 户	5040 户	4591 户	1044 户	5635 户
	56.4%	43.6%	100.0%	81.5%	18.5%	100.0%

注：卡方检验之城市，皮尔森卡方=44.558，自由度=4，显著性（双侧）=0.000；卡方检验之农村，皮尔森卡方= 79.075，自由度=5，显著性（双侧）=0.000

卡方检验结果显示，家庭残疾人口数量方面城乡困难男女户主家庭均存在显著的性别差异。如表 3-5 所示，农村和城市有残疾人的困难家庭中，除 3 人户外，男户主家庭的占比总是高于女户主家庭，这一差距在农村尤为明显，而且随着家庭残疾人数量的增加，男户主家庭占比也在不断上升。同时，在家庭中残疾人数量上，城市困难男女户主家庭数量占比差异比农村小得多。

3.1.6　患慢性病人口数量上困难家庭性别差异分析

根据对调查数据的分析，我国城乡困难男女户主家庭中慢性病患者数量差异分析如表 3-6 所示。

表 3-6　困难家庭中慢性病患者数量之间的户主性别差异分析

慢性病患者的人数	城市			农村		
	男户主	女户主	总计	男户主	女户主	总计
0 人	1918 户	1497 户	3415 户	3107 户	772 户	3879 户
	56.2%	43.8%	100.0%	80.1%	19.9%	100.0%

续表

慢性病患者的人数	城市			农村		
	男户主	女户主	总计	男户主	女户主	总计
1人	823户	628户	1451户	1288户	258户	1546户
	56.7%	43.3%	100.0%	83.3%	16.7%	100.0%
2人	109户	82户	191户	185户	14户	199户
	57.1%	42.9%	100.0%	93.0%	7.0%	100.0%
3人	4户	6户	10户	9户	0户	9户
	40.0%	60.0%	100.0%	100.0%	0	100.0%
4人				3户	0户	3户
				100.0%	0	100.0%
总计	2854户	2213户	5067户	4592户	1044户	5636户
	56.3%	43.7%	100.0%	81.5%	18.5%	100.0%

注：卡方检验之城市，皮尔森卡方=1.254，自由度=3，显著性（双侧）=0.740；卡方检验之农村，皮尔森卡方=28.465，自由度=4，显著性（双侧）=0.000

卡方检验结果显示，家庭中患慢性病的人数在城市困难家庭中无显著性别差异，但在农村困难家庭中存在显著的性别差异。如表3-6所示，在农村患慢性病的困难家庭中，男户主家庭的占比总是高于女户主家庭，在数量占比上居于绝对的主导地位，而且随着家庭患慢性病人数量的增加，男户主家庭占比也在不断上升。

3.2 困难家庭主要困难的性别差异分析

通过将城乡困难家庭数据从城乡困难家庭社会政策支持系统建设数据中抽离出来，按城乡和户主性别进行划分后对困难家庭的主要困难进行性别差异分析，具体结果如表3-7所示。

表3-7 家庭主要困难在困难家庭中的性别差异分析

主要困难	城市			农村		
	男户主	女户主	总计	男户主	女户主	总计
家庭主要劳动力没有工作	893户	612户	1505户	805户	185户	990户
	26.0%	23.5%	24.9%	15.2%	14.8%	15.1%

续表

主要困难	城市			农村		
	男户主	女户主	总计	男户主	女户主	总计
家庭主要成员没有劳动能力	781 户	521 户	1302 户	1757 户	429 户	2186 户
	22.8%	20.0%	21.6%	33.1%	34.4%	33.3%
家庭成员发生意外事故	50 户	71 户	121 户	125 户	66 户	191 户
	1.5%	2.7%	2.0%	2.4%	5.3%	2.9%
家庭成员疾病负担重	671 户	492 户	1163 户	1180 户	234 户	1414 户
	19.6%	18.9%	19.3%	22.2%	18.8%	21.6%
家庭成员需要长期照料	300 户	247 户	547 户	777 户	156 户	933 户
	8.7%	9.5%	9.1%	14.6%	12.5%	14.2%
子女教育负担难以承受	638 户	579 户	1217 户	460 户	141 户	601 户
	18.6%	22.2%	20.2%	8.7%	11.3%	9.2%
被长期拖欠工资	14 户	11 户	25 户	7 户	2 户	9 户
	0.4%	0.4%	0.4%	0.1%	0.2%	0.1%
遭受重大自然灾害	3 户	3 户	6 户	112 户	13 户	125 户
	0.1%	0.1%	0.1%	2.1%	1.0%	1.9%
以上全无	81 户	69 户	150 户	88 户	21 户	109 户
	2.4%	2.6%	2.5%	1.7%	1.7%	1.7%
选择次数总计	3431 户	2605 户	6036 户	5311 户	1247 户	6558 户
	56.7%	43.3%	100.0%	81%	19%	100.0%

通过对城乡困难家庭面临的主要困难进行对比，可以发现城乡困难家庭之间存在不同，具体如表 3-8 所示。

表 3-8　城乡困难家庭面对的主要困难对比分析

项目	面临困难的主次顺序				
	1	2	3	4	合计
城市困难家庭	家庭主要劳动力没有工作（24.9%）	家庭主要成员没有劳动能力（21.6%）	子女教育负担难以承受（20.2%）	家庭成员疾病负担重（19.3%）	86.0%
农村困难家庭	家庭主要成员没有劳动能力（33.3%）	家庭成员疾病负担重（21.6%）	家庭主要劳动力没有工作（15.1%）	家庭成员需要长期照料（14.2%）	84.2%

如表 3-8 所示，城市困难家庭中面临的主要困难依次有：家庭主要劳动力没有工作（24.9%）、家庭主要成员没有劳动能力（21.6%）、子女教育负担难以承受

（20.2%）和家庭成员疾病负担重（19.3%）四项，分别对应了就业困难、失能困境、教育负担重及医疗负担重四项社会主要问题。农村困难家庭中面临的主要困难依次有：家庭主要成员没有劳动能力（33.3%）、家庭成员疾病负担重（21.6%）、家庭主要劳动力没有工作（15.1%）和家庭成员需要长期照料（14.2%）四项，分别对应了农村失能困境、医疗负担重、就业困难和养老问题突出四项农民面临的主要困难。

通过对比可以发现，农村和城市困难家庭都面临着“家庭主要成员没有劳动能力”“家庭成员疾病负担重”“家庭主要劳动力没有工作”这三项主要困难，这说明失能问题、医疗问题和就业问题在城乡都比较突出，需要得到更多的关注和重视。但是城市和农村困难家庭在主要困难上又存在一定程度上的差异：“家庭主要劳动力没有工作”是城市困难家庭面临的最主要困难（24.9%），但该项在农村的比例较城市低了近 10 个百分点（15.1%）。除此之外，农村和城市困难家庭在教育困难方面也存在显著的比重差异：在“子女教育负担难以承受”方面，城市困难家庭占比（20.2%）远远高于农村困难家庭占比（9.2%）。这方面的差异可能存在多种原因：一是农村困难家庭成员受教育程度较低，较早的辍学使得教育负担在农村困难家庭面临的主要困难中地位下降；而城市困难家庭受教育思想影响更多，对教育更加重视，对子女教育方面投入很多，给家庭财务造成了比较大的压力。二是国家对农村户籍学生的学费减免等政策支持在很大程度上减轻了农村困难家庭在教育方面的负担，而对于城市困难家庭所享受的国家政策支持力度不及农村困难家庭，教育负担较重，因此可能出现这样的比重差异。

根据对调查数据的分析，城市困难男女户主家庭面对的主要困难如表 3-9 所示。城市困难男户主家庭面对的主要困难包括：家庭主要劳动力没有工作（26.0%）、家庭主要成员没有劳动能力（22.8%）、家庭成员疾病负担重（19.6%）、子女教育负担难以承受（18.6%）。城市困难女户主家庭面对的主要困难包括：家庭主要劳动力没有工作（23.5%）、子女教育负担难以承受（22.2%）、家庭主要成员没有劳动能力（20.0%）、家庭成员疾病负担重（18.9%）。通过对比可见，城市困难男女户主家庭面临的主要困难相同，只是存在比重优先级的区别。与男户主困难家庭相比，在女户主困难家庭中，子女教育负担难以承受在家庭面临的主要困难中排名靠前。

表 3-9　城市困难男女户主家庭面对的主要困难

项目	面临困难的主次顺序				
	1	2	3	4	合计
城市困难男户主家庭	家庭主要劳动力没有工作（26.0%）	家庭主要成员没有劳动能力（22.8%）	家庭成员疾病负担重（19.6%）	子女教育负担难以承受（18.6%）	87%

续表

项目	面临困难的主次顺序				
	1	2	3	4	合计
城市困难女户主家庭	家庭主要劳动力没有工作（23.5%）	子女教育负担难以承受（22.2%）	家庭主要成员没有劳动能力（20.0%）	家庭成员疾病负担重（18.9%）	84.6%

根据对调查数据的分析，农村困难男女户主家庭面对的主要困难如表 3-10 所示。农村困难男户主家庭中面对的主要困难包括：家庭主要成员没有劳动能力（33.1%）、家庭成员疾病负担重（22.2%）、家庭主要劳动力没有工作（15.2%）、家庭成员需要长期照料（14.6%）。农村困难女户主家庭面对的主要困难包括：家庭主要成员没有劳动能力（34.4%）、家庭成员疾病负担重（18.8%）、家庭主要劳动力没有工作（14.8%）、家庭成员需要长期照料（12.5%）。通过对比可见，农村男女户主家庭所面临的主要困难相同，只是不同困难所占比重稍有差异。

表 3-10　农村困难男女户主家庭面对的主要困难

项目	面临困难的主次顺序				
	1	2	3	4	合计
农村困难男户主家庭	家庭主要成员没有劳动能力（33.1%）	家庭成员疾病负担重（22.2%）	家庭主要劳动力没有工作（15.2%）	家庭成员需要长期照料（14.6%）	85.1%
农村困难女户主家庭	家庭主要成员没有劳动能力（34.4%）	家庭成员疾病负担重（18.8%）	家庭主要劳动力没有工作（14.8%）	家庭成员需要长期照料（12.5%）	80.5%

总的来看，无论城市还是农村，无论户主性别是男还是女，困难家庭都面临着劳动能力和就业人口不足、残疾和疾病等成员造成的家庭负担过重的困扰。女户主家庭相较于男户主家庭而言，往往需要在劳动力和就业人员更为紧缺的情况下，负担家庭中残疾、疾病等成员的长期照料责任，这无疑增加了女户主陷入困境的可能性和摆脱困境的难度。

3.3　困难家庭经济状况的性别差异分析

此部分主要分析按户主性别划分的城乡困难家庭的年均收入及其分布、年均支出及其分布、家庭积蓄、家庭负债、负债原因等经济状况，考察困难家庭在这些方面是否存在性别差异。

3.3.1 年均收入及分布

根据对调查数据的分析，城乡困难男女户主家庭年均收入情况如表3-11所示。

表3-11 男女户主困难家庭年均收入情况 单位：元/年

家庭（户）项目		年均总收入	工资性收入	经营性净收入	财产性收入	转移性收入	政府救助收入	其他收入
城市	男户主	15 044.51	8 085.41	508.69	77.31	6 147.25	4 416.51	204.35
	女户主	13 857.93	7 442.04	315.36	64.13	5 840.49	3 966.37	145.56
农村	男户主	8 883.98	3 088.69	2 082.92	162.61	3 440.31	2 152.76	135.93
	女户主	6 587.58	2 232.08	1 215.75	124.82	2 872.56	1 821.70	93.50

由表3-11可知，城市男女户主家庭年均总收入分别是15 044.51元/年和13 857.93元/年，城市女户主困难家庭的年均总收入低于男户主困难家庭的年均总收入，主要收入来源为“工资性收入”和“转移性收入”。在不同收入类别方面：女户主困难家庭的“经营性净收入”明显低于男户主家庭，女户主困难家庭的“工资性收入”、“财产性收入”和“转移性收入”略低于男户主困难家庭。农村男女户主困难家庭总收入分别为8883.98元/年和6587.58元/年，女户主困难家庭的年均总收入低于男户主困难家庭，主要收入来源为“工资性收入”、“经营性净收入”和“转移性收入”；在不同收入类别方面，女户主困难家庭的“经营性收入”和“工资性收入”均明显低于男户主困难家庭，女户主困难家庭的“转移性收入”、“财产性收入”略低于男户主困难家庭。因此，总体而言，不管是城市困难家庭还是农村困难家庭，女户主困难家庭的家庭总收入和各项收入均低于男户主困难家庭，这说明了女户主困难家庭的弱势地位更加突出。

如表3-12所示，卡方检验结果显示，“年均总收入”在城市和农村困难男女户主家庭中均存在显著性别差异，即城乡困难家庭的户主性别差异对“年均总收入”有显著影响。总体来看，在家庭年均总收入方面，城乡困难男女户主家庭占比都是男户主家庭高于女户主家庭，这说明男户主家庭能够获得更高的收入。此外，城市男女户主困难家庭的年均总收入占比主要集中于10 001~20 000元，然而农村男女户主困难家庭的年均总收入占比主要集中于0~10 000元且占比达到了72.1%，这说明农村困难家庭的总体收入偏低。

表 3-12　男女户主困难家庭的年收入状况分析

年均总收入/（元/年）	城市			农村		
	男户主	女户主	总计	男户主	女户主	总计
0~10 000	884 户	803 户	1 687 户	3 024 户	800 户	3 824 户
	19.3%	17.5%	36.8%	57.0%	15.1%	72.1%
10 001~20 000	1 066 户	816 户	1 882 户	984 户	139 户	1 123 户
	23.3%	17.8%	41.1%	18.5%	2.6%	21.2%
20 001~30 000	476 户	287 户	763 户	220 户	39 户	259 户
	10.4%	6.3%	16.7%	4.1%	0.7%	4.8%
30 001~40 000	114 户	74 户	188 户	69 户	4 户	73 户
	2.5%	1.6%	4.1%	1.3%	0.1%	1.4%
40 000 以上	35 户	23 户	58 户	29 户	1 户	30 户
	0.8%	0.5%	1.3%	0.5%	0.1%	0.6%
总计	2 575 户	2 003 户	4 578 户	4 326 户	983 户	5 309 户
	56.2%	43.8%	100.0%	81.5%	18.5%	100.0%

注：卡方检验之城市，皮尔森卡方=23.811，自由度=4，显著性（双侧）=0.000；卡方检验之农村，皮尔森卡方= 57.560，自由度=4，显著性（双侧）=0.000

如表 3-13 所示，卡方检验结果显示，工资性收入在城市困难家庭中不存在显著性别差异，但在农村困难家庭中存在显著性别差异，即户主性别对农村困难家庭的工资性收入有显著影响。在不同范围的工资性收入当中，农村男户主家庭占比均远远高于农村女户主家庭。这可以在一定程度上反映出在就业的类型和收入上，男户主家庭与女户主家庭的差异性，男户主相较于女户主可以更容易找到收入较高的工作，女户主则主要从事收入较低、非正规性的工作。此外，城市和农村的男女困难户主的工资性收入均在 0~10 000 这个范围内占比最高(城市 68.0%、农村 91.7%)，这说明了困难家庭工资收入总体偏低的状况。

表 3-13　男女户主困难家庭的工资性收入状况分析

工资性收入/（元/年）	城市			农村		
	男户主	女户主	总计	男户主	女户主	总计
0~10 000	1 755 户	1 435 户	3 190 户	4 055 户	945 户	5 000 户
	37.4%	30.6%	68.0%	74.4%	17.3%	91.7%
10 001~20 000	669 户	461 户	1 130 户	282 户	52 户	334 户
	14.3%	9.8%	24.1%	5.2%	1.0%	6.1%

续表

工资性收入/（元/年）	城市			农村		
	男户主	女户主	总计	男户主	女户主	总计
20 001~30 000	172 户	117 户	289 户	73 户	9 户	82 户
	3.7%	2.5%	6.2%	1.3%	0.2%	1.5%
30 001~40 000	41 户	29 户	70 户	29 户	2 户	31 户
	0.9%	0.6%	1.5%	0.5%	0.1%	0.6%
40 000 以上	7 户	5 户	12 户	6 户	0 户	6 户
	0.2%	0.1%	0.3%	0.1%	0	0.1%
总计	2 644 户	2 047 户	4 691 户	4 445 户	1 008 户	5 453 户
	56.4%	43.6%	100.0%	81.5%	18.5%	100.0%

注：卡方检验之城市，皮尔森卡方=7.387，自由度=4，显著性（双侧）=0.117；卡方检验之农村，皮尔森卡方= 9.865，自由度=4，显著性（双侧）=0.043

如表 3-14 所示，卡方检验结果显示，经营性净收入在城市困难家庭中不存在显著性别差异，但在农村困难家庭中存在显著性别差异，即户主性别对农村困难家庭的经营性净收入有显著影响。在不同范围的经营性净收入当中，农村男户主家庭占比均远远高于农村女户主家庭。无论是城市还是农村的男女户主困难家庭的经营性收入主要集中于 0~5000 元/年这个额度范围（城市 97.2%、农村 89.7%），这一定程度上反映出无论在农村还是城市，困难家庭男女户主均缺乏相关经营管理经验与技巧而造成盈利能力低下，经营性收入偏低。

表 3-14　男女户主困难家庭的经营性净收入状况分析

经营性净收入/（元/年）	城市			农村		
	男户主	女户主	总计	男户主	女户主	总计
0~5 000	2 602 户	2 034 户	4 636 户	3 948 户	961 户	4 909 户
	54.5%	42.7%	97.2%	72.1%	17.6%	89.7%
5 001~10 000	31 户	25 户	56 户	391 户	47 户	438 户
	0.7%	0.5%	1.2%	7.1%	0.9%	8.0%
10 001~15 000	21 户	14 户	35 户	86 户	6 户	92 户
	0.4%	0.3%	0.7%	1.6%	0.1%	1.7%
15 001~20 000	20 户	7 户	27 户	31 户	2 户	33 户
	0.4%	0.1%	0.5%	0.6%	0.0%	0.6%

续表

经营性净收入/（元/年）	城市			农村		
	男户主	女户主	总计	男户主	女户主	总计
20 000 以上	12 户	3 户	15 户			
	0.3%	0.1%	0.4%			
总计	2686 户	2083 户	4769 户	4456 户	1016 户	5472 户
	56.3%	43.7%	100.0%	81.4%	18.6%	100.0%

注：卡方检验之城市，皮尔森卡方=7.163，自由度=4，显著性（双侧）=0.128；卡方检验之农村：皮尔森卡方=33.339，自由度=3，显著性（双侧）=0.000

如表 3-15 所示，财产性收入在城市和农村困难家庭中均不存在显著的性别差异，从绝大多数困难家庭财产性收入在 0~2500 元/年的状况看，城乡困难家庭财产性收入很低，财产积累微乎其微。

表 3-15　男女户主困难家庭的财产性收入状况分析

财产性收入/（元/年）	城市			农村		
	男户主	女户主	总计	男户主	女户主	总计
0~2 500	2 637 户	2 050 户	4 687 户	4 365 户	1 000 户	5 365 户
	55.7%	43.3%	99.0%	80.2%	18.4%	98.6%
2 501~5 000	8 户	8 户	16 户	55 户	6 户	61 户
	0.2%	0.2%	0.4%	1.0%	0.1%	1.1%
5 001~7 500	12 户	7 户	19 户	9 户	0 户	9 户
	0.3%	0.1%	0.4%	0.2%	0	0.2%
7 501~10 000	6 户	3 户	9 户	5 户	1 户	6 户
	0.1%	0.1%	0.2%	0.1%	0.0%	0.1%
10 000 以上	2 户	0 户	2 户			
	0.0%	0	0.0%			
总计	2 665 户	2 068 户	4 733 户	4 434 户	1 007 户	5 441 户
	56.3%	43.7%	100.0%	81.5%	18.5%	100.0%

注：卡方检验之城市，皮尔森卡方=2.570，自由度=4，显著性（双侧）=0.632；卡方检验之农村，皮尔森卡方=5.160，自由度=3，显著性（双侧）=0.160

如表 3-16 所示，卡方检验结果显示，转移性收入在城市困难家庭中存在显著的性别差异，城市男户主困难家庭的转移性收入明显高于女户主困难家庭，但转移性收入在农村困难家庭中不存在显著的性别差异。

表 3-16　男女户主困难家庭的转移性收入状况分析

转移性收入/（元/年）	城市			农村		
	男户主	女户主	总计	男户主	女户主	总计
0~10 000	2 158 户	1 738 户	3 896 户	4 229 户	984 户	5 213 户
	45.3%	36.4%	81.7%	77.8%	18.0%	95.8%
10 001~20 000	432 户	305 户	737 户	162 户	28 户	190 户
	9.0%	6.4%	15.4%	3.0%	0.5%	3.5%
20 001~30 000	73 户	42 户	115 户	33 户	3 户	36 户
	1.5%	0.9%	2.4%	0.6%	0.1%	0.7%
30 000 以上	19 户	7 户	26 户			
	0.4%	0.1%	0.5%			
总计	2 682 户	2 092 户	4 774 户	4 424 户	1 015 户	5 439 户
	56.2%	43.8%	100.0%	81.4%	18.6%	100.0%

注：卡方检验之城市，皮尔森卡方=8.267，自由度=3，显著性（双侧）=0.041；卡方检验之农村，皮尔森卡方=4.616，自由度=2，显著性（双侧）=0.099

如表 3-17 所示，卡方检验结果显示，政府救助收入在城市和农村困难家庭中均存在显著性别差异，即户主性别差异对城市和农村困难家庭的政府救助收入有显著影响。城乡困难男女户主家庭的数量都随着政府救助收入数额的上升呈下降的趋势，在不同范围的政府救助性收入当中，男户主家庭占比均高于女户主家庭，即女户主困难家庭在获得政府救助方面处于劣势地位。此外，城市男女户主困难家庭和农村男女户主家庭相比较，城市男女户主在各个政府救助收入额度的占比差距较小，并且在同一个额度中男户主与女户主的占比差距也总体较小，这说明农村女户主困难家庭获得政府救助非常有限，需要政策加以关注和重视。

表 3-17　男女户主困难家庭的政府救助收入状况分析

政府救助收入/（元/年）	城市			农村		
	男户主	女户主	总计	男户主	女户主	总计
0~5 000	1 549 户	1 310 户	2 859 户	3 882 户	930 户	4 812 户
	32.7%	27.6%	60.3%	71.8%	17.2%	89%
5 001~10 000	807 户	584 户	1391 户	427 户	62 户	489 户
	17.0%	12.3%	29.3%	7.9%	1.1%	9%

续表

政府救助收入/（元/年）	城市			农村		
	男户主	女户主	总计	男户主	女户主	总计
10 001~15 000	252 户	157 户	409 户	73 户	15 户	88 户
	5.3%	3.3%	8.6%	1.4%	0.3%	1.7%
15 000 以上	56 户	29 户	85 户	11 户	3 户	14 户
	1.2%	0.6%	1.8%	0.2%	0.1%	0.3%
总计	2 664 户	2 080 户	4 744 户	4 393 户	1 010 户	5 403 户
	56.2%	43.8%	100.0%	81.3%	18.7%	100.0%

注：卡方检验之城市，皮尔森卡方=14.703，自由度=3，显著性（双侧）=0.002；卡方检验之农村，皮尔森卡方= 13.134，自由度=3，显著性（双侧）=0.004

3.3.2　年均支出及分布

根据对调查数据的分析，城乡困难男女户主家庭年均支出情况如表 3-18 所示。

表 3-18　男女户主困难家庭年均支出情况　　单位：元/年

家庭（户）项目		年均总支出	生活消费支出	转移性支出	所得税支出	资产、经营性支出	其他支出
城市	男户主	18 153.45	16 938.21	1 340.28	2.79	17.54	10.19
	女户主	17 003.79	16 009.25	1 255.68	1.39	24.02	5.84
农村	男户主	11 436.88	10 272.12	753.64	9.70	559.59	23.08
	女户主	8 110.12	7 451.35	487.29	7.93	313.23	5.28

如表 3-18 所示，在家庭支出方面，城市男女户主困难家庭年均总支出分别为 18 153.45 元/年和 17 003.79 元/年，城市困难女户主家庭的年均支出略低于男户主困难家庭，但差距不大，农村男女户主困难家庭的年均总支出分别为 11 436.88 元/年和 8110.12 元/年，农村女户主困难家庭的年均总支出明显低于农村男户主困难家庭。在家庭支出结构上，“生活消费支出”和“转移性支出”在城乡困难家庭中占比均较大，但由于大多数农村困难家庭需要进行农业耕种活动，需要购买种子、化肥、农药等物品，所以可以发现农村困难家庭的“资产、经营性支出”要明显高于城市困难家庭，在农村困难家庭的这一支出类别中，男户主困难家庭又要高于女户主困难家庭。另外，在城市，男女户主困难家庭的“生活消费支出”、“转移性支出”和“资产、经营性支出”都相差甚微，然而在农村这类支出的差异较大。

根据对调查数据的分析，农村不同性别户主具体家庭支出情况的差异如表 3-19 所示。

表 3-19　农村困难家庭总支出的性别差异分析

农村困难家庭部分支出类项目的性别差异							
男女户主年均总支出				男女户主生活消费支出			
支出/（元/年）	男户主	女户主	总计	支出/（元/年）	男户主	女户主	总计
0~40 000	4 180 户	977 户	5 157 户	0~40 000	4 316 户	996 户	5 312 户
	78.9%	18.5%	97.4%		79.1%	18.3%	97.4%
40 001~80 000	95 户	7 户	102 户	40 001~80 000	90 户	7 户	97 户
	1.8%	0.1%	1.9%		1.7%	0.1%	1.8%
80 001~120 000	27 户	2 户	29 户	80 001~120 000	30 户	2 户	32 户
	0.5%	0.0%	0.5%		0.6%	0.0%	0.6%
120 000 以上	11 户	1 户	12 户	120 000 以上	11 户	1 户	12 户
	0.2%	0.0%	0.2%		0.2%	0.0%	0.2%
总计	4 313 户	987 户	5 300 户	总计	4 447 户	1 006 户	5 453 户
	81.4%	18.6%	100.0%		81.6%	18.4%	100.0%
男女户主转移性支出				男女户主资产、经营性支出			
支出/（元/年）	男户主	女户主	总计	支出/（元/年）	男户主	女户主	总计
0~2 000	4 064 户	976 户	5 040 户	0~2 000	4 266 户	1 015 户	5 281 户
	73.0%	17.5%	90.5%		76.9%	18.2%	95.1%
2 001~4 000	332 户	43 户	375 户	2 001~4 000	236 户	17 户	253 户
	6.0%	0.8%	6.8%		4.3%	0.3%	4.6%
4 001~6 000	103 户	14 户	117 户	4 001~6 000	12 户	3 户	15 户
	1.8%	0.3%	2.1%		0.2%	0.1%	0.3%
6 001~8 000	28 户	2 户	30 户	6 001~8 000			
	0.5%	0.0%	0.5%				
8 000 以上	6 户	1 户	7 户	8 000 以上			
	0.1%	0.0%	0.1%				
总计	4 533 户	1 036 户	5 569 户	总计	4 514 户	1 035 户	5 549 户
	81.4%	18.6%	100.0%		81.4%	18.6%	100.0%

注：①卡方检验之年均总支出，皮尔森卡方=13.132，自由度=3，显著性（双侧）=0.004。农村困难家庭年均总支出（sig=0.004<0.05）存在显著的户主性别差异，即农村困难家庭中户主性别对年均总支出产生显著影响。②卡方检验之生活消费支出，皮尔森卡方=12.436，自由度=3，显著性（双侧）=0.006。农村困难家庭生活消费支出（sig=0.006<0.05）存在显著的户主性别差异，即农村困难家庭中户主性别对生活消费支出产生显著影响。③卡方检验之转移性支出，皮尔森卡方=20.858，自由度=4，显著性（双侧）=0.000。农村困难家庭转移性支出（sig=0.000<0.05）存在显著的户主性别差异，即农村困难家庭中户主性别对转移性支出产生显著影响。④卡方检验之资产、经营性支出，皮尔森卡方=24.882，自由度=2，显著性（双侧）=0.000。农村困难家庭资产、经营性支出（sig=0.000<0.05）存在显著的户主性别差异，即农村困难家庭中户主性别对资产、经营性支出产生显著影响

卡方检验结果显示，农村困难家庭中户主的性别对家庭年均总支出、生活消费支出、家庭转移性支出和资产、经营性支出均存在显著影响。

从年均总支出情况看，在不同支出金额段，男户主家庭支出均明显高于女户主，在年支出 0~40 000 元范围内，男户主的比例达 78.9%，女户主的比例为 18.5%。从生活消费支出看，在不同支出金额段，男户主家庭支出均明显高于女户主，在年支出 0~40 000 元范围内，男户主的支出比例达 79.1%，女户主的支出比例为 18.3%。从上文困难家庭年均总收入可知，农村男户主各方面收入都高于女户主收入，从而更有支出能力，这是造成男女户主支出差异的原因之一。从性别角度出发，男户主可能更倾向于进行消费，通过消费实现需求的满足，女户主可能更加勤俭节约。同时，可以发现，随着支出金额的变动，农村男女户主在年均总支出和生活消费支出中的占比呈现出同步变动的趋势，这与家庭支出结构中生活消费支出占总支出的比重有很大关系，说明农村家庭将绝大部分收入用于生活支出，生活水平较低。从转移性支出情况来看，在不同支出金额段，男户主家庭支出均明显高于女户主，在年支出 0~2000 元范围内，男户主的支出比例达 73.0%，女户主的支出比例为 17.5%。从资产、经营性支出来看，在不同支出金额段，男户主家庭支出均明显高于女户主，在年支出 0~2000 元范围内，男户主的比例达 76.9%，女户主的比例为 18.2%。由于在我国各地的传统文化及风俗习惯中，男性是家庭的顶梁柱，要承担养老、抚养子女的主要责任，男户主在赡养费、抚养费及人际关系中的支出占据较大的比例，此外，男性作为家庭中的重要劳动力及因其身体优势，在购置住房、化肥、农具等生产性物品中的支出较大，所以这可以解释为何男户主在资产、经营性支出中的金额明显高于女户主。

根据对调查数据的分析，城乡男女户主困难家庭的年均生活消费支出结构如表 3-20 所示。

表 3-20　男女户主困难家庭的年均生活消费支出结构　单位：元/年

家庭（户）项目		食品	衣着	教育	医疗	住房	水电燃料	文化娱乐	交通费	通讯费	上网费	家庭设备用品
城市	男户主	6479.37	777.46	2234.49	4805.23	634.37	1010.98	52.29	306.64	363.31	52.49	437.12
	女户主	6098.47	686.27	2123.55	4375.18	732.62	964.12	39.23	264.13	346.98	59.30	419.28
农村	男户主	3093.57	500.82	1106.09	4340.77	44.60	623.84	20.69	216.63	184.10	10.43	327.71
	女户主	2547.47	371.28	1057.62	2413.48	46.21	555.16	16.43	148.39	134.43	5.46	245.91

如表 3-20 所示，在家庭支出的年均生活消费支出方面，农村男女户主困难家庭在各项生活消费项目支出中的差距基本上比城市困难家庭的差距更为明显。在城市，女户主困难家庭仅在住房和上网费两项的支出上略高于男户主困难家

庭，其余包括食品、衣着、教育、医疗、水电燃料、文化娱乐、交通费、通讯费和家庭设备用品等各项支出均低于男户主困难家庭；而在农村，女户主困难家庭仅在住房上的支出略高于男户主困难家庭，其余消费项目均低于男户主困难家庭。

通过对城乡困难家庭各项具体生活消费支出进行卡方检验，以进一步检验各项具体的生活消费支出是否存在显著的性别差异。具体结果如表 3-21 所示。

表 3-21　男女户主困难家庭各类生活消费支出的性别差异

城市				农村			
支出/（元/年）	男户主	女户主	总计	支出/（元/年）	男户主	女户主	总计
困难家庭食品支出类项目的性别差异分析 1)							
0~1000	64 户	73 户	137 户	0~1000	987 户	348 户	1335 户
	1.4%	1.5%	2.9%		17.6%	6.2%	23.8%
1001~2000	217 户	190 户	407 户	1001~2000	1093 户	264 户	1357 户
	4.5%	4.0%	8.5%		19.5%	4.7%	24.2%
2001~3000	285 户	243 户	528 户	2000 以上	2493 户	427 户	2920 户
	5.9%	5.1%	11.0%		44.4%	7.6%	52.0%
3001~4000	381 户	293 户	674 户				
	7.9%	6.1%	14.0%				
4001~5000	324 户	242 户	566 户				
	6.8%	5.0%	11.8%				
5001~6000	336 户	295 户	631 户				
	7.0%	6.1%	13.1%				
6000 以上	1087 户	771 户	1858 户				
	22.6%	16.1%	38.7%				
总计	2694 户	2107 户	4801 户	总计	4573 户	1039 户	5612 户
	56.1%	43.9%	100.0%		81.5%	18.5%	100.0%
困难家庭衣着支出类项目的性别差异分析 2)							
0~200	798 户	702 户	1500 户	0~200	1789 户	540 户	2329 户
	15.9%	14.0%	29.9%		31.8%	9.6%	41.4%
201~400	314 户	300 户	614 户	201~400	943 户	193 户	1136 户
	6.2%	6.0%	12.2%		16.8%	3.4%	20.2%

续表

城市				农村			
支出/（元/年）	男户主	女户主	总计	支出/（元/年）	男户主	女户主	总计
困难家庭衣着支出类项目的性别差异分析 2)							
401~600	573 户	411 户	984 户	400 以上	1849 户	309 户	2158 户
	11.4%	8.2%	19.6%		32.9%	5.5%	38.4%
600 以上	1146 户	786 户	1932 户				
	22.8%	15.5%	38.3%				
总计	2831 户	2199 户	5030 户	总计	4581 户	1042 户	5623 户
	56.3%	43.7%	100.0%		81.5%	18.5%	100.0%
困难家庭教育支出类项目的性别差异分析 3)							
0~1000	1730 户	1307 户	3037 户	0~500	3476 户	780 户	4256 户
	35.0%	26.4%	61.4%		62.6%	14.0%	76.6%
1001~2000	208 户	186 户	394 户	501~1000	211 户	49 户	260 户
	4.2%	3.8%	8.0%		3.8%	0.9%	4.7%
2000 以上	853 户	658 户	1511 户	1000 以上	842 户	195 户	1037 户
	17.3%	13.3%	30.6%		15.2%	3.5%	18.7%
总计	2791 户	2151 户	4942 户	总计	4529 户	1042 户	5553 户
	56.5%	43.5%	100.0%		81.6%	18.4%	100.0%
困难家庭医疗支出类项目的性别差异分析 4)							
0~2000	1900 户	1532 户	3432 户	0~2000	3175 户	827 户	4002 户
	37.7%	30.3%	68.0%		56.5%	14.8%	71.3%
2001~4000	354 户	242 户	596 户	2001~4000	542 户	98 户	640 户
	7.0%	4.8%	11.8%		9.7%	1.7%	11.4%
4000 以上	587 户	434 户	1021 户	4000 以上	856 户	117 户	973 户
	11.6%	8.6%	20.2%		15.2%	2.1%	17.3%
总计	2841 户	2208 户	5049 户	总计	4573 户	1042 户	5615 户
	56.3%	43.7%	100.0%		81.4%	18.6%	100.0%
困难家庭住房支出类项目的性别差异分析 5)							
0~200	1847 户	1327 户	3174 户	0~20	4376 户	986 户	5362 户
	36.8%	26.4%	63.2%		78.0%	17.6%	95.6%

续表

城市				农村			
支出/（元/年）	男户主	女户主	总计	支出/（元/年）	男户主	女户主	总计
困难家庭住房支出类项目的性别差异分析[5]							
201~400	147 户	123 户	270 户	21~40	5 户	0 户	5 户
	2.9%	2.5%	5.4%		0.1%	0	0.1%
401~600	149 户	131 户	280 户	40 以上	190 户	52 户	242 户
	3.0%	2.6%	5.6%		3.4%	0.9%	4.3%
600 以上	690 户	608 户	1298 户				
	13.7%	12.1%	25.8%				
总计	2833 户	2189 户	5022 户	总计	4571 户	1038 户	5609 户
	56.4%	43.6%	100.0%		81.5%	18.5%	100.0%
困难家庭水电燃料支出类项目的性别差异分析[6]							
0~300	534 户	435 户	969 户	0~500	2708 户	654 户	3362 户
	10.6%	8.6%	19.2%		48.3%	11.7%	60.0%
301~600	597 户	539 户	1136 户	500 以上	1864 户	384 户	2248 户
	11.9%	10.7%	22.6%		33.2%	6.8%	40.0%
601~900	358 户	271 户	629 户				
	7.1%	5.4%	12.5%				
900 以上	1342 户	961 户	2303 户				
	26.6%	19.1%	45.7%				
总计	2831 户	2206 户	5037 户	总计	4572 户	1038 户	5610 户
	56.2%	43.8%	100.0%		81.5%	18.5%	100.0%
困难家庭文化娱乐支出类项目的性别差异分析[7]							
0~15	2406 户	1911 户	4317 户	0~15	4073 户	950 户	5023 户
	47.8%	38.0%	85.8%		72.5%	16.9%	89.4%
16~30	8 户	2 户	10 户	15 以上	502 户	92 户	594 户
	0.2%	0.0%	0.2%		8.9%	1.7%	10.6%
30 以上	417 户	286 户	703 户				
	8.3%	5.7%	14.0%				
总计	2831 户	2199 户	5030 户	总计	4575 户	1042 户	5617 户
	56.3%	43.7%	100.0%		81.4%	18.6%	100.0%

续表

城市				农村			
支出/（元/年）	男户主	女户主	总计	支出/（元/年）	男户主	女户主	总计
困难家庭交通费支出类项目的性别差异分析 8)							
0~100	1342 户	1089 户	2431 户	0~100	2405 户	662 户	3067 户
	26.7%	21.6%	48.3%		42.7%	11.8%	54.5%
101~200	414 户	351 户	765 户	101~200	898 户	180 户	1078
	8.2%	7.0%	15.2%		16.0%	3.1%	19.2%
200 以上	1078 户	762 户	1840 户	200 以上	1283 户	202 户	1485 户
	21.4%	15.1%	36.5%		22.8%	3.6%	26.4%
总计	2834 户	2202 户	5036 户	总计	4586 户	1044 户	5630 户
	56.3%	43.7%	100.0%		81.5%	18.5%	100.0%
困难家庭通讯费支出类项目的性别差异分析 9)							
0~100	820 户	642 户	1462 户	0~100	2533 户	702 户	3235 户
	16.3%	12.7%	29.0%		45.0%	12.5%	57.5%
101~200	352 户	310 户	662 户	100 以上	2048 户	340 户	2388 户
	7.0%	6.1%	13.1%		36.5%	6.0%	42.5%
200 以上	1665 户	1251 户	2916 户				
	33.0%	24.9%	57.9%				
总计	2837 户	2203 户	5040 户	总计	4581 户	1042 户	5623 户
	56.3%	43.7%	100.0%		81.5%	18.5%	100.0%
困难家庭上网费支出类项目的性别差异分析 10)							
0~20	2521 户	1920 户	4441 户	0~5	4431 户	1020 户	5451 户
	50.7%	38.6%	89.3%		78.9%	18.2%	97.1%
21~40	2 户	2 户	4 户	5 以上	142 户	22 户	164 户
	0.0%	0.0%	0.0%		2.5%	0.4%	2.9%
40 以上	276 户	254 户	530 户				
	5.6%	5.1%	10.7%				
总计	2799 户	2176 户	4975 户	总计	4573 户	1042 户	5615 户
	56.3%	43.7%	100.0%		81.4%	18.6%	100.0%

续表

城市				农村			
支出/（元/年）	男户主	女户主	总计	支出/（元/年）	男户主	女户主	总计
困难家庭家庭设备用品支出类项目的性别差异分析[11)]							
0~100	934 户	731 户	1665 户	0~150	1949 户	531 户	2480 户
	18.6%	14.5%	33.1%		34.7%	9.5%	44.2%
101~200	421 户	362 户	783 户	151~300	1249 户	277 户	1526 户
	8.4%	7.2%	15.6%		22.3%	4.9%	27.2%
200 以上	1470 户	1107 户	2577 户	300 以上	1378 户	233 户	1611 户
	29.3%	22.0%	51.3%		24.5%	4.1%	28.6%
总计	2825 户	2200 户	5025 户	总计	4576 户	1041 户	5617 户
	56.2%	43.8%	100.0%		81.5%	18.5%	100.0%

1）卡方检验之年均生活消费支出（食品）。城市：皮尔森卡方=13.939，自由度=6，显著性（双侧）=0.030。农村：皮尔森卡方=80.583，自由度=2，显著性（双侧）=0.000

2）卡方检验之年均生活消费支出（衣着）。城市：皮尔森卡方=21.140，自由度=3，显著性（双侧）=0.000。农村：皮尔森卡方=60.577，自由度=2，显著性（双侧）=0.000

3）卡方检验之年均生活消费支出（教育）。城市：皮尔森卡方=2.470，自由度=2，显著性（双侧）=0.291。农村：皮尔森卡方=0.156，自由度=2，显著性（双侧）=0.925

4）卡方检验之年均生活消费支出（医疗）。城市：皮尔森卡方=4.139，自由度=2，显著性（双侧）=0.126。农村：皮尔森卡方=43.692，自由度=2，显著性（双侧）=0.000

5）卡方检验之年均生活消费支出（住房）。城市：皮尔森卡方=11.264，自由度=3，显著性（双侧）=0.010。农村：皮尔森卡方=2.611，自由度=2，显著性（双侧）=0.271

6）卡方检验之年均生活消费支出（水电燃料）。城市：皮尔森卡方=10.755，自由度=3，显著性（双侧）=0.013。农村：皮尔森卡方=5.022，自由度=1，显著性（双侧）=0.025

7）卡方检验之年均生活消费支出（文化娱乐）。城市：皮尔森卡方=5.447，自由度=2，显著性（双侧）=0.066。农村：皮尔森卡方=4.123，自由度=1，显著性（双侧）=0.042

8）卡方检验之年均生活消费支出（交通费）。城市：皮尔森卡方=6.578，自由度=2，显著性（双侧）=0.037。农村：皮尔森卡方=45.210，自由度=2，显著性（双侧）=0.000

9）卡方检验之年均生活消费支出（通讯费）。城市：皮尔森卡方=3.415，自由度=2，显著性（双侧）=0.181。农村：皮尔森卡方=50.675，自由度=1，显著性（双侧）=0.000

10）卡方检验之年均生活消费支出（上网费）。城市：皮尔森卡方=4.298，自由度=2，显著性（双侧）=0.117。农村：皮尔森卡方=2.956，自由度=1，显著性（双侧）=0.086

11）卡方检验之年均生活消费支出（家庭设备用品）。城市：皮尔森卡方=2.633，自由度=2，显著性（双侧）=0.268。农村：皮尔森卡方=31.429，自由度=2，显著性（双侧）=0.000

由表 3-21 可见，城市和农村困难家庭的户主性别均对年均生活消费支出（食品）具有显著影响，即城乡困难家庭在食品类年均生活消费支出上存在明显的性别差异。城市男户主家庭食品支出金额排在前三位的分别是 6000 元/年以上（22.6%）、3001~4000 元/年（7.9%）和 5001~6000 元/年（7.0%），仅有 1.4% 的男户主家庭食品支出额范围在 0~1000 元/年；女户主家庭食品支出金额排在前三位的分别是 6000 元/年以上（16.1%）、3001~4000 元/年（6.1%）和 5001~6000 元/年（6.1%），和男户主支出情况相似。除 0~1000 元/年支出范围内，男户主家庭支出比率（1.4%）略低于女户主家庭外（1.5%），其他支出金额段内，男户主家庭支出倾向均高于女户主家庭。农村男户主家庭食品支出金额排序分别为 2000 元/年以上（44.4%）、1001~2000 元/年（19.5%）和 0~1000 元/年（17.6%），呈现出随着支出金额增加，支出倾向和比率也不断提高的特点；女户主家庭食品支出金额排序分别为 2000 元/年以上（7.6%）、0~1000 元/年（6.2%）和 1001~2000 元/年（4.7%）。整体来看，男户主家庭食品支出倾向和比率都显著高于女户主家庭，同时，食品支出金额都相对较高，说明困难家庭将绝大部分收入用于食品支出上，生活水平低。

城市和农村困难家庭的户主性别均对年均生活消费支出（衣着）具有显著影响，即城乡困难家庭在衣着类年均生活消费支出上存在明显的性别差异。城市男户主家庭衣着支出的排序情况分别为 600 元/年以上（22.8%）、0~200 元/年（15.9%）、401~600 元/年（11.4%）和 201~400 元/年（6.2%），女户主家庭衣着支出的排序情况分别为 600 元/年以上（15.5%）、0~200 元/年（14.0%）、401~600 元/年（8.2%）和 201~400 元/年（6.0%），呈现出与男户主家庭相似的排序特征，但男户主家庭支出倾向和支出比率均高于女户主家庭，研究同时发现，男户主家庭在 600 元/年以上的支出比率远高于女户主家庭。农村男户主家庭衣着支出的排序情况分别为 400 元/年以上（32.9%）、0~200 元/年（31.8%）和 201~400 元/年（16.8%），女户主家庭分别为 0~200 元/年（9.6%）、400 元/年以上（5.5%）和 201~400 元/年（3.4%）。从不同支出金额段来看，无论是城市还是农村，男户主家庭衣着支出倾向和比率都远高于女户主家庭，说明在城乡困难家庭中，户主性别对衣着支出有显著影响。这与我们通常认知中，女性会更加注重外在审美，在服饰方面会花费更多的固有观念不相符合，这可能因为女户主家庭收入少，只能压缩包括衣着在内的各项支出。

城市和农村困难家庭的户主性别对年均生活消费支出（教育）不具有显著影响，即城乡困难家庭在教育类年均生活消费支出上不存在明显的性别差异。

城市困难家庭中户主性别对年均生活消费支出（医疗）没有显著影响，而农村困难家庭中户主性别对年均生活消费支出（医疗）有显著影响。从不同的支出金额范围来看，农村男户主的支出比率排序为 0~2000 元/年（56.5%）、4000 元/年以上（15.2%）和 2001~4000 元/年（9.7%），女户主的支出比率排序为 0~2000 元/年（14.8%）、4000 元/年以上（2.1%）和 2001~4000 元/年（1.7%），与男户主的支出比率呈现出相似的特征。在不同的医疗支出金额中，男户主的支出比率远高于女户主，说明男户主的家庭医疗压力大于女户主。这与农村家庭人口结构有关，根据之前的分析，我们可以知道，在农村有残疾人的困难家庭中，男户主家庭占比远高于女户主家庭，且随着家庭残疾人数的增加，男户主家庭占比也不断提高。此外，农村患慢性病的困难家庭中，男户主家庭占比远高于女户主家庭，也呈现出家庭患慢性病人数量增加的同时男户主家庭占比也不断提高的特征，这可以帮助解释为何农村困难家庭中男户主家庭医疗费用支出远高于女户主家庭的状况。

城市困难家庭中户主性别对年均生活消费支出（住房）有显著影响，而农村困难家庭中户主性别对年均生活消费支出（住房）没有显著影响。城市男户主家庭住房支出排序为 0~200 元/年（36.8%）、600 元/年以上（13.7%）、401~600 元/年（3.0%）和 201~400 元/年（2.9%），女户主家庭住房支出排序为 0~200 元/年（26.4%）、600 元/年以上（12.1%）、401~600 元/年（2.6%）和 201~400 元/年（2.5%），男女户主在支出金额占比的排序上顺序一致，男户主困难家庭在住房方面的支出比率均高于女户主困难家庭。

城市和农村困难家庭的户主性别对年均生活消费支出（水电燃料）具有显著影响，即城乡困难家庭在水电燃料方面的年均生活消费支出上存在明显的性别差异。城市男户主困难家庭水电燃料支出的排序为 900 元/年以上（26.6%）、301~600 元/年（11.9%）、0~300 元/年（10.6%）和 601~900 元/年（7.1%），女户主困难家庭水电燃料支出的排序为 900 元/年以上（19.1%）、301~600 元/年（10.7%）、0~300 元/年（8.6%）和 601~900 元/年（5.4%），城市男女户主困难家庭在支出金额占比的排序上顺序一致，男户主在水电燃料各方面的支出比率均高于女户主。农村男户主困难家庭水电燃料支出的排序为 0~500 元/年（48.3%）、500 元/年以上（33.2%），女户主困难家庭水电燃料支出的排序为 0~500 元/年（11.7%）、500 元/年以上（6.8%），男女户主家庭在 500 元/年以内的水电燃料支出占总人口的 60.0%，说明农村家庭水电燃料支出很少，此外，男女户主困难家庭支出排序具有一定的相似性，男户主在不同的支出占比中均高于女户主。

城市困难家庭中户主性别对年均生活消费支出（文化娱乐）未产生显著影响，而农村困难家庭中户主性别对年均生活消费支出（文化娱乐）存在显著影响。农村户主中文化娱乐支出在 0~15 元/年的占比为 89.4%，15 元/年以上的占比仅为 10.6%，这说明农村困难家庭在文化娱乐方面的获得感有限，严重影响他们精神世界的丰富，限制了他们的文化活动，极易导致“精神贫困”。在 0~15 元/年和 15 元/年以上两个支出范围段上，农村男户主数量在农村总人口数分别为 72.5%和 8.9%，女户主分别为 16.9%和 1.7%，男户主家庭数量和占比都明显高于女户主家庭，这可能受到农村男女户主家庭样本数量差异的影响，也可能是由于传统文化中“男主外、女主内”观念的影响，女性更加内敛，女性多从事家庭内部事务，男性多参与各种社交活动，对外在事物的接受程度相比更高，更乐于参与各种社会活动。

城市和农村困难家庭的户主性别对年均生活消费支出（交通）具有显著影响，即城乡困难家庭在交通类年均生活消费支出上存在明显的性别差异。城市男户主的交通费支出比率排序分别为 0~100 元/年（26.7%）、200 元/年以上（21.4%）和 101~200 元/年（8.2%），女户主的交通费支出比率排序分别为 0~100 元/年（21.6%）、200 元/年以上（15.1%）和 101~200 元/年（7.0%），在每一支出段内，男户主在交通费用中支出的比率均高于女户主。农村男户主的支出比率排序分别为 0~100 元/年（42.7%）、200 元/年以上（22.8%）和 101~200 元/年（16.0%），女户主的支出比率排序分别为 0~100 元/年（11.8%）、200 元/元以上（3.6%）和 101~200 元（3.1%），在每一支出段内，男户主在交通费用中支出的比率均高于女户主。以上交通费方面的性别差异可能是男性的家庭角色决定的，男户主更多地从事与外部联系沟通及社交的事宜，这导致交通费用支出相对多些。

城市困难家庭中户主性别对年均生活消费支出（通讯费）没有显著影响，而农村困难家庭中户主性别对年均生活消费支出（通讯费）有显著影响。在不同的支出范围段内，农村男户主家庭数量占总农村户主家庭数的比率分别为 45.0%（0~100 元/年）和 36.5%（100 元/年以上），农村女户主家庭数量占总农村户主家庭数的比率分别为 12.5%（0~100 元/年）和 6.0%（100 元/年以上），男户主在交通费的不同支出范围中所占比率均高于女户主。一般而言，农村经济发展相对落后，贫困村民收入有限，很多家庭只有一部廉价的手机，男性由于务工联系及人际交流的缘故，一般都会有一部手机，虽然女性也有通讯方面的支出，但不会比男性支出费用多，因此，农村困难家庭中男户主在通讯费方面的支出多且表现更为显著。

城乡困难家庭中户主性别对年均生活消费支出（上网费）不存在性别差异。同时，从绝大多数困难家庭的上网开支均集中在 0~20 元/年的情况可知，城乡困难家庭的上网费用很低，这限制了他们了获取各种最新的知识和信息及与外界交流的机会。

城市困难家庭中户主性别对年均生活消费支出（家庭设备用品）没有显著影响，而农村困难家庭中户主性别对生活消费年支出（家庭设备用品）有显著影响。农村男户主在家庭设备用品上的支出比率排序分别为 0~150 元/年（34.7%），300 元/年以上（24.5%）和 151~300 元/年（22.3%），农村女户主在家庭设备用品上的支出比率排序分别为 0~150 元/年（9.5%），151~300 元/年（4.9%）和 300 元/年以上（4.1%）。从不同的支出费用层次来看，农村男户主在数量和占比上都明显高于农村女户主。此外，支出费用在 150 元/年以下的农村困难家庭中，男女户主数量占户主总人数的比率为 44.2%，约占农村户主家庭总数的一半，这说明农村家庭中家庭设备用品支出很少。

另外，如表 3-22 所示，在转移性支出方面，城市男女户主困难家庭中最大的支出都用于购买商业保险、缴纳社会保险，在这一支出项上，城市女户主困难家庭略高于男户主困难家庭，在另外两项支出中，女户主困难家庭均低于男户主困难家庭；而在农村，男女户主困难家庭的主要支出项均为请客送礼，而且在各项转移性支出项上皆存在着较明显的性别差异，即女户主困难家庭的各项支出均低于男户主困难家庭。

表 3-22　男女户主困难家庭的年均转移性支出情况　　单位：元/年

家庭（户）项目		赡养费、抚（扶）养费	请客送礼	购买商业保险、缴纳社会保险
城市	男户主	375.07	360.70	464.69
	女户主	363.81	349.97	488.51
农村	男户主	215.53	561.22	116.05
	女户主	140.52	415.94	64.24

3.3.3　家庭积蓄

根据对调查数据的分析，城乡男女户主困难家庭的储蓄状况如表 3-23 所示。

表 3-23　男女户主困难家庭的储蓄状况

年均储蓄状况/元	城市			农村		
	男户主家庭	女户主家庭	总计	男户主家庭	女户主家庭	总计
0	709 户	612 户	1321 户	1220 户	309 户	1529 户
	52.0%	44.9%	96.9%	79.1%	20.0%	99.1%
1~500	8 户	0 户	8 户	0 户	0 户	0 户
	0.6%	0	0.6%	0	0	0
500 以上	23 户	11 户	34 户	13 户	1 户	14 户
	1.7%	0.8%	2.5%	0.8%	0.1%	0.9%
总计	740 户	623 户	1363 户	1233 户	310 户	1543 户
	54.3%	45.7%	100.0%	79.9%	20.1%	100.0%

注：卡方检验之城市，皮尔森卡方=9.384，自由度=2，显著性（双侧）=0.009；卡方检验之农村，皮尔森卡方=1.475，自由度=1，显著性（双侧）=0.225

卡方检验结果显示，城市困难家庭在年均储蓄状况方面存在明显的性别差异，而农村困难家庭在年均储蓄状况方面性别差异并不明显。总体而言，城乡困难家庭的储蓄都非常少，96.9%的城市困难家庭没有任何储蓄，这一情况在农村困难家庭中更为严重，99.1%的农村困难家庭都没有储蓄，有储蓄的户数不到 1%。并且在有储蓄的城市困难家庭中，男户主家庭占到 2.3%，而女户主家庭仅 0.8%；在农村困难家庭中，均没有男女户主困难家庭的年均储蓄额在 1~500 元，仅有 0.8%的男户主和 0.1%的女户主家庭有 500 元以上的年均储蓄，农村困难家庭的储蓄不存在明显的性别差异。

3.3.4　家庭负债

根据对调查数据的分析，城乡男女户主困难家庭的家庭负债如表 3-24 所示。

表 3-24　男女户主低保家庭的负债状况

家庭负债状况/（元/年）	城市			农村		
	男户主	女户主	总计	男户主	女户主	总计
0	3 户	6 户	9 户	3 户	1 户	4 户
	0.2%	0.4%	0.6%	0.2%	0.1%	0.3%
1~2 000	70 户	56 户	126 户	289 户	83 户	372 户
	5.1%	4.1%	9.2%	18.7%	5.4%	24.1%
2 001~5 000	122 户	113 户	235 户	297 户	87 户	384 户
	9.0%	8.3%	17.3%	19.3%	5.6%	24.9%
5 001~10 000	137 户	116 户	253 户	238 户	46 户	284 户
	10.1%	8.5%	18.6%	15.4%	3.0%	18.4%
10 000 以上	408 户	332 户	740 户	406 户	93 户	499 户
	29.9%	24.4%	54.3%	26.3%	6.0%	32.3%
总计	740 户	623 户	1 363 户	1 233 户	310 户	1 543 户
	54.3%	45.7%	100.0%	79.9%	20.1%	100.0%

注：卡方检验之城市，皮尔森卡方=2.423，自由度=4，显著性（双侧）=0.658；卡方检验之农村，皮尔森卡方=6.116，自由度=4，显著性（双侧）=0.191

卡方检验结果显示，城市和农村困难家庭在家庭负债状况方面的性别差异都不明显，户主性别对城乡困难家庭的家庭负债状况不存在显著影响。同时，通过分层次分类别分析发现，不管是城市困难家庭还是农村困难家庭都或多或少存在负债的情况，在城市无任何负债的困难家庭仅占 0.6%，在农村这一比例仅为 0.3%。而且在城市困难家庭中，仅 9.2%的家庭负债在 2000 元/年以内，54.3%的家庭的负债在 10 000 元/年以上，其中男户主家庭占到 29.9%，女户主家庭占到 24.4%；在农村困难家庭中，24.1%的家庭负债在 2000 元/年以内，24.9%的家庭负债值在

2001~5000 元/年，有 18.4%的欠债值在 5001~10 000 元/年，还有 32.3%的家庭欠债超过了 10 000 元，其中男户主家庭占到 26.3%，女户主家庭占 6.0%。

由表 3-25 可见，不同户主性别类型的困难家庭负债原因也有所不同，卡方检验结果显示，城市和农村困难家庭在家庭负债成因方面不存在性别差异。通过负债原因进行统计分析，可以发现，城乡困难家庭负债的共同主要原因是“看病”，其中农村男户主家庭的这一现象更为突出，占到 46.8%；在因“孩子上学”而负债的城市男户主困难家庭比女户主困难家庭比例略高；在因“日常生活需要”而负债的农村困难家庭比城市困难家庭偏高，其中男户主困难家庭比女户主困难家庭高很多。总的来看，“看病”和“孩子上学”是导致城乡困难家庭欠债的两个重要原因，存在因病致困和因学致困的现象。医疗支出，尤其是重大疾病和慢性疾病的支出，对于家庭来说是沉重的负担；教育是一个长期的高成本的投入过程，并且教育的投入与回报之间存在着一定滞后性，因此许多困难家庭不堪承受长期沉重的学费负担及陷入助学贷款的负债之中。

表 3-25　男女户主困难家庭的负债原因分布情况

负债原因	城市			农村		
	男户主家庭	女户主家庭	总计	男户主家庭	女户主家庭	总计
看病	361 户	316 户	677 户	723 户	170 户	893 户
	26.5%	23.2%	49.7%	46.8%	11.0%	57.8%
孩子上学	219 户	202 户	421 户	197 户	69 户	266 户
	16.1%	14.8%	30.9%	12.8%	4.4%	17.2%
日常生活需要	62 户	36 户	98 户	154 户	34 户	188 户
	4.5%	2.6%	7.1%	10.0%	2.2%	12.2%
经营需要	12 户	7 户	19 户	6 户	1 户	7 户
	0.9%	0.5%	1.4%	0.4%	0.1%	0.5%
买房、租房或修建房	61 户	35 户	96 户	111 户	18 户	129 户
	4.5%	2.6%	7.1%	7.2%	1.2%	8.4%
婚丧嫁娶	4 户	6 户	10 户	9 户	3 户	12 户
	0.3%	0.4%	0.7%	0.6%	0.2%	0.8%
意外事故	12 户	10 户	22 户	22 户	11 户	33 户
	0.9%	0.7%	1.6%	1.4%	0.7%	2.1%
重大自然灾害				2 户	1 户	3 户
				0.1%	0.1%	0.2%

续表

负债原因	城市			农村		
	男户主家庭	女户主家庭	总计	男户主家庭	女户主家庭	总计
其他	9 户	11 户	20 户	9 户	3 户	12 户
	0.7%	0.8%	1.5%	0.6%	0.2%	0.8%
总计	740 户	623 户	1363 户	1233 户	310 户	1543 户
	54.4%	45.6%	100.0%	79.9%	20.1%	100.0%

注：卡方检验之城市，皮尔森卡方=9.743，自由度=7，显著性（双侧）=0.204；卡方检验之农村，皮尔森卡方=14.223，自由度=8，显著性（双侧）=0.076

3.4 本章小结

通过对城乡困难家庭人口和经济状况的性别差异分析，可以发现，城乡困难家庭中有劳动能力和有工作的人口数量存在明显的性别差异，女户主困难家庭中有劳动能力和有工作的人口数量偏少。农村女户主困难家庭中有固定工作的人口数量也明显低于农村男户主家庭。

从困难家庭面临的主要困难的性别差异看，农村男女户主面临的主要困难基本相同，包括家庭主要成员没有劳动能力、家庭成员疾病负担重、家庭主要劳动力没有工作和家庭成员需要长期照料等。城市男女户主面临的主要困难也相同，包括家庭主要劳动力没有工作、家庭主要成员没有劳动能力、子女教育负担重和家庭疾病负担重等。对城市女户主来说，子女教育负担更加突出。

从困难家庭的收入来看，户主性别对“年均总收入”有显著影响，城乡女户主困难家庭总收入和各项收入均低于男户主家庭。在政府救助收入方面，数据分析显示，城乡困难家庭存在显著的性别差异，女户主困难家庭在获得政府救助方面处于劣势地位，尤其是农村女户主家庭获得的救助更少。

从困难家庭的支出情况看，农村困难家庭在年均总支出，生活消费支出，转移性支出，资产、经营性支出方面存在显著差异，女户主支出明显偏少。

从困难家庭的储蓄状况看，城市困难家庭在储蓄方面存在明显的性别差异，城市女户主储蓄更少，农村困难家庭在这方面没有明显的性别差异。

从困难家庭的负债状况看，城乡困难家庭负债方面不存在明显的性别差异，男女户主负债的主要原因均为“看病”和“孩子上学”。

由上可见，女户主困难家庭在人口和经济状况等诸多方面和男户主困难家庭存在明显的性别差异，城乡女户主家庭面临的困难往往是多重的，包括有劳动能力和工作的人少、收入低、积蓄少、负债多，还包括家庭主要成员没有劳动能力、家庭成员疾病负担重、家庭主要劳动力没有工作、家庭成员需要长期照料和子女教育负担重等，这给女户主困难家庭摆脱困境带来了重重阻力。同时，女户主困难家庭在政府救助收入和储蓄等方面均处于明显的劣势地位，与男户主相比存在明显的性别差异，这更加剧了女户主困难家庭的不利地位。因此，相关救助与帮扶政策需要具备性别敏感意识，有针对性地设计和实施政策，为女户主困难家庭提供更多的支持和帮扶。

第4章　困难家庭社会救助状况的性别差异分析

4.1　困难家庭享受社会救助的性别差异

4.1.1　救助范围

我国城乡社会救助的建立和发展并不同步。以社会救助体系中最核心的最低生活保障制度为例，上海市在1993年最早实施了城市低保，之后许多发达地区纷纷效仿，进行试点实践，有些地区甚至还在农村地区试点探索最低生活保障制度。1999年10月，国务院颁布的《城市居民最低生活保障条例》正式实施，这标志着城市最低生活保障制度正式确立，为困难群众提供救助成为政府的责任，获得救助成为城市居民的一项法定权利。在这之后，城市最低生活保障制度快速发展，基本实现了“应保尽保”，但同时农村最低生活保障制度却被相对忽视，一度出现了停顿甚至倒退，这种情况基本持续到2006年末。2007年，中央开始强调农村最低生活保障制度建设并首次由中央财政对其进行投入，2007年7月颁布了《国务院关于在全国建立农村最低生活保障制度的通知》，农村最低生活保障制度在该通知的指导下不断发展完善。尽管城市与农村最低生活保障制度探索起步的时间大体相当，但是制度最终建立与普及的时间却相距甚远，城市最低生活保障制度于1999年确立而农村最低生活保障制度于2007年才成为全国性制度，其间两种制度保障对象和资金投入的差距很大，这主要是因为制度在这一阶段的发展处于城乡分治思路的指导下，该思路虽有其特定的原因和历史背景，但是这种思路既不利于整合资源，也不利于实现最低生活保障制度应当追求的公平。2007年是最低生活保障制度的发展思路从城乡分治向城乡统筹转变的标志性年份，在这之后，在城乡统筹思路的指导下，我国农村最低生活保障制度迅速完善，最低生活保障制度的城乡差距得到切实扭转并朝着城乡一体的方向快速迈进。另外，2003 年之后，伴随着最低生活保障制度的逐步发展完善，贫困群体在住房、医疗和教育等方面的困难日益突出，针对此，民政部大力推动住房救助、医疗救助和教育救助等专项救助制度的建立和发展，逐步构建了以最低生活保障制度为核心的社会救助体系，以帮助困难群体脱离多方面的生活困境。

表 4-1 罗列了城乡男女户主困难家庭在调查前一年享受不同社会救助项目的比例。城市女户主家庭享受比例排在前三位的社会救助项目分别是低保金（93.6%）、节假日一次性救助（63.0%）和水电燃料取暖费减免（45.0%），仅有 27.1%的女户主家庭享受到医疗救助，仅有 12.9%的女户主家庭享受到教育救助。通过卡方检验并与男户主家庭比较发现，城市男女户主家庭在享受社会救助的比例上没有明显差异。农村女户主家庭享受比例排在前三位的社会救助项目与城市相同，也分别是低保金（91.1%）、节假日一次性救助（70.1%）和水电燃料取暖费减免（37.9%），仅有 29.6%的女户主家庭享受到医疗救助，仅有 9.8%的女户主家庭享受到教育救助。但不同于城市，农村男女户主家庭在享受各种救助的比例方面差异有所凸显，主要在于女户主家庭享受医疗救助（sig=0.034<0.05）和其他补助收入方面（sig=0.001<0.05）的比例明显低于男户主家庭，而在低保金、教育救助、住房补贴、自然灾害救助、临时救助、水电燃料取暖费减免、节假日一次性救助、其他费用减免方面则无明显性别差异。

表 4-1　城乡困难家庭享受社会救助覆盖范围的性别差异

社会救助项目	城市 1)			农村 2)		
	男户主家庭	女户主家庭	总计	男户主家庭	女户主家庭	总计
低保金	1889 户	1440 户	3329 户	2869 户	700 户	3569 户
	94.2%	93.6%	93.9%	93.1%	91.1%	92.7%
医疗救助	588 户	416 户	1004 户	1035 户	227 户	1262 户
	29.4%	27.1%	28.4%	33.6%	29.6%	32.8%
教育救助	247 户	198 户	445 户	267 户	75 户	342 户
	12.3%	12.9%	12.6%	8.7%	9.8%	8.9%
住房补贴	307 户	268 户	575 户	85 户	16 户	101 户
	15.3%	17.5%	16.3%	2.8%	2.1%	2.6%
自然灾害救助	23 户	16 户	39 户	268 户	67 户	335 户
	1.1%	1.0%	1.1%	8.7%	8.7%	8.7%
临时救助	111 户	76 户	187 户	238 户	66 户	304 户
	5.5%	5.0%	5.3%	7.7%	8.6%	7.9%

续表

社会救助项目	城市[1]			农村[2]		
	男户主家庭	女户主家庭	总计	男户主家庭	女户主家庭	总计
水电燃料取暖费减免	907 户	691 户	1598 户	1211 户	291 户	1502 户
	45.3%	45.0%	45.2%	39.3%	37.9%	39.0%
节假日一次性救助	1319 户	970 户	2289 户	2149 户	538 户	2687 户
	65.8%	63.0%	64.6%	69.7%	70.1%	69.8%
其他补助收入	315 户	241 户	556 户	701 户	134 户	835 户
	15.8%	15.7%	15.7%	22.8%	17.4%	21.7%
其他费用减免	241 户	191 户	432 户	391 户	80 户	471 户
	12.0%	12.5%	12.2%	12.7%	10.4%	12.3%

1）卡方检验之城市。“低保金”：皮尔森卡方= 0.548，自由度= 1，显著性（双侧）= 0.459。“医疗救助”：皮尔森卡方= 2.139，自由度= 1，显著性（双侧）= 0.144。“教育救助”：皮尔森卡方= 0.247，自由度= 1，显著性（双侧）= 0.619。“住房补贴”：皮尔森卡方= 2.917，自由度= 1，显著性（双侧）= 0.088。“自然灾害救助”：皮尔森卡方= 0.090，自由度= 1，显著性（双侧）= 0.764。“临时救助”：皮尔森卡方= 0.609，自由度= 1，显著性（双侧）= 0.435。“水电燃料取暖费减免”：皮尔森卡方= 0.035，自由度=1，显著性（双侧）= 0.851。“节假日一次性救助”：皮尔森卡方= 2.826，自由度= 1，显著性（双侧）= 0.093。“其他补助收入”：皮尔森卡方= 0.001，自由度= 1，显著性（双侧）= 0.969。“其他费用减免”：皮尔森卡方= 0.139，自由度= 1，显著性（双侧）= 0.709

2）卡方检验之农村。“低保金”：皮尔森卡方 3.431，自由度= 1，显著性（双侧）= 0.064。“医疗救助”：皮尔森卡方= 4.520，自由度= 1，显著性（双侧）= 0.034。“教育救助”：皮尔森卡方= 0.918，自由度= 1，显著性（双侧）= 0.338。“住房补贴”：皮尔森卡方= 1.098，自由度= 1，显著性（双侧）= 0.295。“自然灾害救助”：皮尔森卡方= 0.001，自由度= 1，显著性（双侧）= 0.982。“临时救助”：皮尔森卡方= 0.638，自由度= 1，显著性（双侧）= 0.424。“水电燃料取暖费减免”：皮尔森卡方= 0.508，自由度= 1，显著性（双侧）= 0.476。“节假日一次性救助”：皮尔森卡方= 0.031，自由度= 1，显著性（双侧）= 0.861。“其他补助收入”：皮尔森卡方= 10.182，自由度= 1，显著性（双侧）= 0.001。“其他费用减免”：皮尔森卡方= 2.931，自由度= 1，显著性（双侧）= 0.087

4.1.2　救助水平

有研究显示，社会救助的性别差异不仅体现在救助范围之上，也体现在救助水平上，尤其是农村地区（金一虹和保剑，2011）。上文分析显示，女户主困难家庭在享受不同救助项目方面并没有处于明显的不利地位，特别是城市女户主困难家庭。于是，就需要关注城乡困难家庭在获得的救助水平方面是否存在明显的性别差异。

从表 4-2 中显著性检验结果可见，在城市困难家庭中，女户主困难家庭在享受低保金、医疗救助、临时救助、节假日一次性救助和其他费用减免方面的救助水平与男户主困难家庭存在明显的性别差异，女户主家庭获得的补助明显低于男户主家庭，分别比男户主家庭少了 490.97 元、266.98 元、30.58 元、88.4 元和 17.77 元。

表 4-2　城乡困难家庭享受社会救助保障水平的性别差异

社会救助水平	城市					农村				
	男户主家庭		女户主家庭		t 检验显著性（双侧）	男户主家庭		女户主家庭		t 检验显著性（双侧）
	均值/元	标准差/元	均值/元	标准差/元		均值/元	标准差/元	均值/元	标准差/元	
低保金	5828.60	3162.293	5337.63	2889.001	0.000	2753.66	1786.556	2271.93	1633.300	0.000
医疗救助	836.59	2575.057	569.61	1956.701	0.001	555.93	1508.137	352.60	1149.239	0.001
教育救助	169.04	665.787	193.07	693.678	0.312	100.62	468.382	128.19	514.865	0.172
住房补贴	354.93	1054.382	365.45	1003.356	0.771	51.87	627.078	19.61	394.394	0.195
自然灾害救助	2.62	54.512	0.73	16.129	0.206	24.79	117.920	20.03	105.263	0.330
临时救助	68.80	529.200	38.22	254.925	0.044	29.78	180.878	26.26	111.570	0.623
水电燃料取暖费减免	254.95	469.172	247.36	567.903	0.674	70.84	144.738	84.90	165.849	0.026
节假日一次性救助	605.59	622.694	517.19	551.680	0.000	417.66	394.839	389.36	385.352	0.089
其他补助收入	138.71	470.005	112.57	392.995	0.089	148.02	438.053	83.70	255.295	0.000
其他费用减免	38.56	264.521	20.79	133.224	0.020	24.77	111.047	21.39	134.461	0.492

注：置信度=95%

在农村困难家庭中，女户主家庭享受低保金、医疗救助和其他补助收入方面的水平明显低于男户主家庭。农村女户主家庭享受的低保金均值为 2271.93 元，比男户主家庭少了 481.73 元；享受的医疗救助均值为 352.60 元，比男户主家庭少了 203.33 元；其他补助收入方面女户主家庭比男户主家庭少了 64.32 元。此外，女户主家庭享受水电燃料取暖费减免的水平高于男户主家庭，金额上相差 14.06 元。和城市女户主相比，农村女户主在低保金、医疗救助、教育救助、住房补贴、临时救助、水电燃料取暖费减免、节假日一次性救助、其他补助收入方面的救助水平均低于城市女户主家庭，城乡差异明显。

4.2　困难家庭享受最低生活保障制度的性别差异

在整个社会救助体系中，最低生活保障是最重要和最核心的救助制度，它向困难家庭提供直接的现金帮扶，是有效的反贫困手段。西方研究显示，女户主家庭一旦陷入贫困，相比于男性更容易出现持续贫困的现象，常常导致福利依赖问题（威尔逊，2007），即长期依靠现金救助生活。关于中国低保是否会造成“养懒汉”情况，不同学者存在不同看法，有的学者认为低保救助对就业十分不利，已造成福利依赖的社会问题；有的学者认为低保因制度自身设计等原因或导致与西方有本质区别的中国式福利依赖；有的学者认为中国最低生活保障制度不存在“养懒汉”或福利依赖问题。专家学者关于低保、就业和福利依赖的观点与他们各自的研究视角、特有的立场、崇尚的价值观和遵循的原则有关，因此，在最低生活保障制度是否“养懒汉”问题上存在不同的观点也是合理且正常的现象。目前，关于长期受助是否存在性别差异，值得进一步探究和分析。

对我国城乡困难家庭的分析发现（表 4-3），城市和农村困难家庭在“申请过低保”和“享受过低保”方面的皮尔森卡方检验的显著性结果分别是 sig= 0.290>0.05、sig=0.158>0.05 和 sig=0.744>0.05、sig=0.598>0.05，所以在这两方面不存在明显的性别差异。事实上，无论城市还是农村，男、女户主家庭在低保依赖方面均表现出较强的一致性，这和西方的研究结论有所出入。根据对调查数据的分析，城乡困难家庭平均共享受了近 6 年和 3.4 年的低保待遇，退出过低保的家庭比例很低，只有 10%左右，这说明我国确实存在长期受助的情况，也暴露出最低生活保障制度在促进受助者融入经济社会生活方面的局限性。

表 4-3　城乡困难家庭享受最低生活保障制度的性别差异

享受低保情况	城市 1)			农村 2)		
	男户主	女户主	总计	男户主	女户主	总计
申请过低保	2001 户	1538 户	3539 户	3070 户	767 户	3837 户
	99.8%	99.9%	99.9%	99.7%	100.0%	99.8%
享受过低保	2001 户	1533 户	3534 户	3069 户	765 户	3834 户
	99.9%	99.8%	99.8%	99.8%	99.9%	99.8%
正在享受低保	2006 户	1539 户	3545 户	3082 户	768 户	3850 户
	100.0%	100.0%	100.0%	100.0%	100.0%	100.0%

1）卡方检验之城市。“申请过低保”：皮尔森卡方=1.118，自由度=1，显著性（双侧）= 0.290 > 0.05，不显著。“享受过低保”：皮尔森卡方= 0.107，自由度=1，显著性（双侧）= 0.744 > 0.05，不显著。“正在享受低保”：皮尔森卡方无法计算统计量，因为目前还享受低保是一个常量

2）卡方检验之农村。“申请过低保”：皮尔森卡方=1.998，自由度=1，显著性（双侧）= 0.158 > 0.05 不显著。“享受过低保”：皮尔森卡方= 0.278，自由度=1，显著性（双侧）= 0.598 > 0.05，不显著。“正在享受低保”：皮尔森卡方无法计算统计量，因为目前还享受低保是一个常量

4.3 困难家庭对社会救助评价与期待的性别差异

4.3.1 社会救助的作用

社会救助是否能够帮助贫困家庭解决问题与改善生活，受到帮扶的贫困家庭最有发言权，这也是对社会救助制度进行效果评估的重要组成部分，可以为进一步完善相关社会救助制度提供依据。

如表 4-4 所示，城市和农村困难家庭在低保金、医疗救助和教育救助这三个方面的皮尔森卡方检验的显著性结果分别是 sig=0.621>0.05、sig=0.360>0.05，sig=0.853>0.05、sig=0.909>0.05 和 sig=0.354>0.05、sig=0.220>0.05，所以在这三个方面的性别差异都是不显著的。总体来看，城乡困难家庭认为低保金、医疗救助和教育救助的“作用很大”和“作用较大”的占比合计均在 70%左右，尤其是低保金，认为其“作用很大”和“作用较大”的占比合计在 90%以上，这说明低保金、医疗救助和教育救助对于大多数困难家庭的帮助较大，城乡困难家庭对上述救助项目在改善其生活困境方面所起的作用持积极和肯定的态度。

表 4-4 城乡困难家庭对于主要社会救助项目的评价

项目		城市 1)			农村 2)		
		男户主	女户主	总计	男户主	女户主	总计
低保金	作用很大	1280 户	977 户	2257 户	1716 户	434 户	2150 户
		64.2%	63.9%	64.0%	56.5%	57.5%	56.7%
	作用较大	560 户	447 户	1007 户	1049 户	254 户	1303 户
		28.1%	29.2%	28.6%	34.5%	33.6%	34.3%
	作用一般	117 户	84 户	201 户	228 户	48 户	276 户
		5.9%	5.5%	5.7%	7.5%	6.4%	7.3%
	作用较小	28 户	17 户	45 户	42 户	17 户	59 户
		1.4%	1.1%	1.3%	1.4%	2.3%	1.6%
	作用很小	7 户	5 户	12 户	3 户	1 户	4 户
		0.4%	0.3%	0.3%	0.1%	0.1%	0.1%
	不适用/没有低保金	3 户	0 户	3 户	1 户	1 户	2 户
		0.2%	0	0.1%	0.0%	0.1%	0.1%

续表

项目		城市[1)]			农村[2)]		
		男户主	女户主	总计	男户主	女户主	总计
低保金	总计	1995 户	1530 户	3525 户	3039 户	755 户	3794 户
		100.0%	100.0%	100.0%	100.0%	100.0%	100.0%
医疗救助	作用很大	733 户	536 户	1269 户	1287 户	303 户	1590 户
		36.8%	35.2%	36.1%	42.3%	40.2%	41.9%
	作用较大	834 户	635 户	1469 户	1268 户	320 户	1588 户
		41.9%	41.7%	41.8%	41.7%	42.4%	41.8%
	作用一般	271 户	223 户	494 户	371 户	99 户	470 户
		13.6%	14.6%	14.1%	12.2%	13.1%	12.4%
	作用较小	46 户	38 户	84 户	52 户	14 户	66 户
		2.3%	2.5%	2.4%	1.7%	1.9%	1.7%
	完全无作用	5 户	4 户	9 户	3 户	1 户	4 户
		0.3%	0.3%	0.3%	0.1%	0.1%	0.1%
	不知道	102 户	87 户	189 户	60 户	17 户	77 户
		5.1%	5.7%	5.4%	2.0%	2.3%	2.0%
	总计	1991 户	1523 户	3514 户	3041 户	754 户	3795 户
		100.0%	100.0%	100.0%	100.0%	100.0%	100.0%
教育救助	作用很大	622 户	475 户	1097 户	1127 户	284 户	1411 户
		32.0%	31.7%	31.9%	37.0%	37.7%	37.2%
	作用较大	693 户	584 户	1277 户	1111 户	265 户	1376 户
		35.7%	39.0%	37.1%	36.5%	35.1%	36.2%
	作用一般	259 户	191 户	450 户	449 户	97 户	546 户
		13.3%	12.7%	13.1%	14.8%	12.9%	14.4%
	作用较小	63 户	39 户	102 户	70 户	22 户	92 户
		3.2%	2.6%	3.0%	2.3%	2.9%	2.4%
	完全无作用	8 户	6 户	14 户	5 户	0 户	5 户
		0.4%	0.4%	0.4%	0.2%	0	0.1%
	不知道	297 户	204 户	501 户	281 户	86 户	367 户
		15.3%	13.6%	14.6%	9.2%	11.4%	9.7%

续表

项目		城市[1]			农村[2]		
		男户主	女户主	总计	男户主	女户主	总计
教育救助	总计	1942 户	1499 户	3441 户	3043 户	754 户	3797 户
		100.0%	100.0%	100.0%	100.0%	100.0%	100.0%

1）卡方检验之城市。“低保金”皮尔森卡方=3.519，自由度=5，显著性（双侧）= 0.621。“医疗救助”皮尔森卡方=1.974，自由度=5，显著性（双侧）= 0.853。“教育救助”皮尔森卡方=5.533，自由度=5，显著性（双侧）= 0.354

2）卡方检验之农村。“低保金”皮尔森卡方=5.478，自由度=5，显著性（双侧）= 0.360。“医疗救助”皮尔森卡方 1.537，自由度=5，显著性（双侧）= 0.909。“教育救助”皮尔森卡方=7.014，自由度=5，显著性（双侧）= 0.220

如表 4-5 所示，在对低保金与低保配套优惠政策进行比较时发现，城市和农村困难家庭在“最低生活保障制度效果”方面的皮尔森卡方检验的显著性结果分别是 sig=0.991> 0.05、sig=0.068>0.05，所以在这方面的性别差异都是不显著的。城市和农村困难家庭中认为“低保金作用更大”的家庭占比都在 60%左右，说明在城乡困难家庭中，大多数家庭认为低保金的作用比教育救助、医疗救助等相应低保配套优惠政策的作用更大些。

表 4-5　城乡困难家庭享受最低生活保障制度效果的性别差异

最低生活保障制度的效果差异		城市			农村		
		男户主	女户主	总计	男户主	女户主	总计
对于解决您家实际困难，最低生活保障制度的哪方面作用更大	低保金作用更大	1196 户	917 户	2113 户	1692 户	444 户	2136 户
		61.0%	61.0%	61.0%	56.5%	60.2%	57.3%
	低保配套优惠政策作用更大	765 户	587 户	1352 户	1301 户	293 户	1303 户
		39.0%	39.0%	39.0%	43.5%	39.8%	34.3%
	作用一般	1961 户	1504 户	3465 户	2993 户	737 户	3730 户
		100.0%	100.0%	100.0%	100.0%	100.0%	100.0%

注：卡方检验之城市，皮尔森卡方= 0.000，自由度=1，显著性（双侧）= 0.991；卡方检验之农村，皮尔森卡方=3.330，自由度=1，显著性（双侧）= 0.068

4.3.2　对政府的期待

现代社会中，国家和政府承担着为贫困和弱势群体提供社会救助的基本责任，需要为其解决基本生存问题提供物质资源和相关服务。从贫困和弱势群体的角度看，他们在应对和摆脱贫困的过程中也需要来自政府的支持和帮助。因此，了解贫困和弱势群体对政府救助的期待与需求，有助于进一步改革和完善社会救助制度。

如表 4-6 所示，城市和农村困难家庭在“对政府的期待”方面的皮尔森卡方检验的显著性结果均是 sig=0.003<0.05，所以在这方面的性别差异都是显著的，即户主性别对城乡困难家庭在“对政府的期待”方面存在显著影响。

表 4-6　城乡困难家庭对政府帮扶的期待

对政府的期待	城市			农村		
	男户主	女户主	总计	男户主	女户主	总计
低保金救助	1191 户	863 户	2054 户	1923 户	502 户	2425 户
	60.7%	57.3%	59.2%	64.1%	67.5%	64.7%
医疗救助	367 户	262 户	629 户	674 户	124 户	798 户
	18.7%	17.4%	18.1%	22.5%	16.7%	21.3%
教育救助	149 户	173 户	322 户	178 户	69 户	247 户
	7.6%	11.5%	9.3%	5.9%	9.3%	6.6%
住房救助	104 户	101 户	205 户	82 户	20 户	102 户
	5.3%	6.7%	5.9%	2.7%	2.7%	2.7%
临时救助	8 户	4 户	12 户	17 户	6 户	23 户
	0.4%	0.3%	0.3%	0.6%	0.8%	0.6%
水电燃料取暖费减免	35 户	27 户	62 户	29 户	8 户	37 户
	1.8%	1.8%	1.8%	1.0%	1.1%	1.0%
就业帮扶	83 户	62 户	145 户	69 户	12 户	81 户
	4.2%	4.1%	4.2%	2.3%	1.6%	2.2%
创业扶持	17 户	5 户	22 户	19 户	1 户	20 户
	0.9%	0.3%	0.6%	0.6%	0.1%	0.5%
税费减免	1 户	0 户	1 户			
	0.1%	0	0.0%			
殡葬服务	0 户	2 户	2 户	4 户	0 户	4 户
	0	0.1%	0.1%	0.1%	0	0.1%
其他	2 户	4 户	6 户	5 户	2 户	7 户
	0.1%	0.3%	0.2%	0.2%	0.3%	0.2%

续表

对政府的期待	城市			农村		
	男户主	女户主	总计	男户主	女户主	总计
不需要	4 户	4 户	8 户	2 户	0 户	2 户
	0.2%	0.3%	0.2%	0.1%	0	0.1%
合计	1961 户	1507 户	3468 户	3002 户	744 户	3746 户
	100%	100%	100%	100.0%	100.0%	100.0%

注：卡方检验之城市，皮尔森卡方=28.411，自由度 11，显著性（双侧）= 0.003；卡方检验之农村，皮尔森卡方=27.086，自由度=10，显著性（双侧）= 0.003

在城市困难家庭中，男户主家庭占比除了在“住房救助”、“教育救助”、“殡葬服务”和“其他”等方面较女户主家庭占比低以外，在其余方面都是高于或者持平于女户主家庭的。特别是有 11.5% 的女户主家庭认为政府应该加大对困难家庭的教育救助，这与之前分析的城市女户主家庭中，子女的教育负担在家庭面临主要困难中排名靠前有关。在农村困难家庭中，男户主家庭占比除了在“低保金救助”、“教育救助”、“水电燃料取暖费减免”、“临时救助”和“其他”方面较女户主家庭占比低以外，在其余方面都是高于或者持平于女户主家庭的，这说明女户主家庭对“低保金救助”、“教育救助”和“临时救助”这三个方面的期待和需求更多一些。

4.4 本章小结

通过对困难家庭社会救助状况的性别差异分析，可以发现以下几方面内容。

在救助范围方面，城市男女户主家庭在享受各种社会救助的比例方面没有差异，农村男女户主家庭在享受各种社会救助的比例方面存在差异，表现为农村女户主困难家庭在享受医疗救助和其他补助收入方面的比例明显低于农村男户主家庭。

在救助收入方面，城市女户主困难家庭在享受低保金、医疗救助、临时救助、节假日一次性救助和其他费用减免方面的救助水平与男户主家庭相比存在明显的性别差异，女户主家庭获得的补助明显低于男户主家庭。农村女户主困难家庭在享受低保金、医疗救助和其他补助收入方面的救助水平与男户主家庭相比存在明显的性别差异，女户主家庭获得的补助明显低于男户主家庭。

在申请过和享受过低保待遇方面，城乡困难家庭不存在明显的性别差异，这与西方的研究结论存在较大出入，因为西方研究显示女户主家庭更容易出现福利依赖和长期受助问题。

在对社会救助的评价方面，城乡困难家庭不存在明显的性别差异，低保金、医疗救助和教育救助对大多数城乡困难家庭的帮助较大，城乡困难家庭大多对低保、医疗救助和教育救助持肯定与积极的评价。

在对政府帮扶救助的期待方面，城乡困难家庭存在明显的性别差异，相比于城市男户主而言，城市女户主困难家庭更希望获得教育救助；相比于农村男户主而言，农村女户主更希望获得低保金、教育救助和临时救助。

由上可见，城乡女户主困难家庭和男户主困难家庭在享受社会救助及对政府救助的期待方面存在一定性别差异，相关政策需要对其加以关注并有所回应。

第 5 章　困难家庭对困难和救助体验与感受的性别差异

不同性别贫困对象对困难的体验与遭遇会有所不同，如在国内参与性贫困评估中，有学者发现了这样的差异，即分男女组讨论贫困原因时，妇女组提到了男子组没有提到的原因：没有足够的粮食、没有打工找钱的机会、没有肥料等（赵群，2005）。还有学者发现，妇女不仅对贫困有更深刻的感受，还更关注子女未来和家庭收入的持久稳定增长（金和辉，1995）。然而，总的来看，对困难妇女的主观困难经验的研究较少，妇女在生理条件、社会地位和主观感受上与男性存在一定差别，因此，对困难的体验更具特殊性，而这种特殊性是全面认识女性贫困，以及制定更有针对性、可行性的妇女相对贫困治理政策措施的依据（向德平和程玲，2015）。

本章从微观视角出发，对不同性别类型贫困家庭中户主的主观经验进行了叙述分析，在叙述分析中，研究者把叙述者所讲述的故事、说法、对话作为一种社会现实和一种经验的再呈现，社会建构主义是其理论基础，即社会现实并非存在于意识之外，而是观察者的精神产品，属于一种社会建构。社会建构主义关注人是如何建构现实的，人不仅能“看到”现实，而且所建构的现实受到人们语言系统的深刻影响，不完全是个人的产品，因此人不是完全自主的，是高度可塑的，随社会环境的改变而改变（马凤芝，2010）。也就是说，研究将低保对象的主观经验看作是个人与国家互动的平台，探索低保对象对贫困和相关救助措施的主观经验及他们赋予这些主观经验的意义，进而揭示出贫困的主观经验与当前社会救助制度安排和其他福利措施等之间的关系，并从中发现是否存在性别差异。正如美国社会学者斯约堡等所言，“研究弱势群体的最好方法是深入的个案研究，因为这样才能倾听到来自他们的真实声音”（Sjoberg et al.，1991）。因此，通过采取逐个面对面深度访谈搜集资料，在研究者和叙述者之间的对话中，研究者给叙述者提供了一个自由空间去讲述他的感受与经验，为其经验世界的表达和展现提供了机会，个案访谈的方式能让研究者有机会对叙述者表达理解，鼓励叙述者表达自己的感受和经验，为双方良性互动提供了条件。半结构的访谈提纲涉及与研究相关的内容，这些内容可以用来提示研究者，即当叙述者结束叙述时研究者继续追问，以引发叙述者的讲述，访谈提纲只涉及访谈的初步核心议题，保持着一个开放的态度，访谈中对每一个叙述者的具体问题是随着叙述者在叙述中带出的话题而发展的，可以随时修正并加入新的议题。

5.1　受访男女低保户主基本情况差异

研究的样本是四川部分城市不同性别户主的低保家庭，研究采取了立意抽样的方法选取样本，意在寻找那些与研究目的相符、能够为研究提供最丰富信息量的研究对象（Patton，1990）。在民政部门的协调和支持下，研究者接触了具体社区负责救助的工作人员，并寻找符合研究条件的样本，实地访谈中尽量观察受访者的生活场景，增加对其生活处境和叙述经验的感性认识。2017 年 10 月至 2018 年 4 月，课题组共访谈了成都市（龙泉驿区和锦江区）、乐山市和达州市 3 个地区的 62 户低保户，其中包括 38 户城镇低保户，24 户农村低保户，22 户男户主低保家庭，40 户女户主低保家庭。同时，还访谈了 13 位负责低保工作的社区（村委会）工作人员。就低保户家庭基本情况、社会救助和其他保障、就业、社区（村委会）服务和家庭这五个方面进行了详细询问和深入了解。访谈采用半结构访谈的方式，针对不同性别户主低保家庭的访谈主要涉及低保家庭的基本情况、社会救助及其他保障情况、就业情况和社区服务情况等；针对工作人员的访谈主要涉及其基本信息和社会救助政策情况（具体访谈提纲见附录）。访谈结束后将现场录音转写为书面文本资料，并对资料进行开放编码和定性因子分析，对访谈所获数据进行充分解读，以期寻找男女户主家庭对困难与社会救助体验的性别差异。

从工作人员处了解到，近几年来，尽管领取低保的人数有所增加，但是女户主低保家庭数量并没有明显增加。在女户主低保家庭中，除离异或丧偶导致的单亲女户主低保家庭外，还有一部分家庭中男性因病致残或因年老无劳动能力而导致的事实女户主低保家庭。

此次访谈的男女户主低保家庭的基本情况存在以下差异。

第一，年龄分布差异。访谈的男女户主中，在年轻（40 岁以下）和老年（60 岁以上）人群中，女性的占比更高，在中年（40~60 岁）人群中男性的占比更高。一般来说，女性的预期寿命更长，老年女性占低保女户主的比例更大，因此，有不少老年女户主的低保家庭。此外，年轻女户主家庭多是重病或重度残疾的情况，如曾女士（低保户 63 号，城镇）29 岁，先天脑瘫，从没读过书，未婚，仅仅会最基本的吃饭和穿衣，一直没有工作，可以说话，但不太清楚；易女士（低保户 62 号，24 岁）是肢体二级残疾，初中文化，未婚，一直没有工作。这些年轻的低保女户主通常为重度残疾，长年以来由父母照料，当父母逐渐老去，她们的生活压力也逐渐增大。

第二，婚姻状况差异。女性丧偶的比例更高，在 22 位男户主（有 4 位丧偶）中，丧偶的比例为 18.2%，在 40 位低保女户主（有 17 位丧偶）中，丧偶的比例为 42.5%，这可能是女性预期寿命更高的缘故。男性未婚和已婚的比例更高，22 位男户主中，4 位未婚，占比 18.2%，40 位女户主中，5 位未婚，占比 12.5%。调研发现，未婚男性的生活质量比未婚女性生活质量略高，生活压力略小。在 4 位未婚男性中，有 1 位表示，身体很好，很享受生活，2 位分别患有尿毒症和心脏病，但是能够实现生活自理，只有 1 位需要家人长期护理；在 5 位未婚女性中，有 4 位属于重度肢体残疾，无法照料自己，一直依靠父母照料，只有 1 位可以照顾自己。22 户男户主中，10 位男户主已婚，占比 45.5%，40 位女户主中，11 位已婚，占比仅为 27.5%。已婚的低保户主由于可以接受另一半的照料，或者另一半可以参加劳动缓解经济压力，因此，男户主生活压力比女户主小的比例更高。

第三，文化水平差异。在访谈的低保户中，女性的受教育水平相对更低。低保户中女性文盲的比例更高，在 22 位男户主中，只有 3 位是文盲，占比 13.64%；40 女户主中，有 16 位是文盲，占比 40.0%。此外，低保男户主上过小学的比例更高。22 位男户主中，有 14 位拥有小学文凭，占比 63.6%，40 位女性中，12 位拥有小学文凭，占比 30%。总体来看，女户主的受教育水平更低，这与老年女性占比更高密切相关，一部分老年女性属于文盲，因此拉低了女性的整体受教育水平。

第四，身体与精神状况差异。低保女户主身体较好，但是精神状态较差。整体来看，女户主的身体状况普遍好于男户主。在认为自身身体较好的统计中，22 位男户主，有 2 位表示身体较好，占比 9.1%；40 位女户主中，有 8 位表示身体较好，较少生病，占比 20.0%。与女户主的身体状况形成反差的是，女户主的精神状况普遍糟糕。22 户男户主中，有 12 位表示精神状况很好，占比 54.5%，比女户主高出 27.04 个百分点。女户主压力较大，精神状态较差，处于悲观情绪中，多名受访者在访谈过程中不由自主地落泪。

当然，此次访谈存在一定局限性。第一，年龄分布上，老年人口较多。受访者中老年人所占比重较大，尤其是女性，由于老人年龄较大，思维不灵活，影响信息的收集。第二，受访者存在隐瞒信息的可能。一方面，由于访谈全程由工作人员陪同，在问及收入和支出等与领取低保相关的问题时，低保户可能会隐瞒自己有收入的事实，或者说高自己的生活支出。另一方面，受访谈者习惯性地隐藏自己所获得的收入和福利，即使有些收入是工作人员知晓的，没有必要向工作人员隐藏的，他们也会习惯性地隐藏。有些受访者有获得一些福利和救助，但是在访谈中问到时，有些低保户会回答“没有”，后经工作人员提醒后，才会提到残疾补助、救助卡之类的信息。这就需要从访谈记录中选取更为真实的信息，尽可能从对工作人员的访谈中获得信息去进行弥补和验证。

5.2　困难家庭对困难感受的性别差异

由于女性在生理、社会地位和主观感受上与男性存在一定差别，因此，女性对困难的体验更具特殊性。此次调查访谈发现，不同性别户主困难家庭对困难的感受有所不同。

5.2.1　女户主对自己所处的困难状况感觉心理压力更大

在 40 位女户主中，表示精神状态一般的有 12 位，占比 30%，表示精神状况很差的有 17 位，占比 42.5%，比男户主高出 24.3 个百分点。

刘女士（低保户 9 号，城镇）和张女士（低保户 12 号，城镇）在接受访谈时多次哭泣，显示出其压力很大、精神状态不佳。刘女士是位单亲妈妈，儿子 18 岁，上大一，生活的主要负担就是供孩子上学。刘女士身体不好，患有风湿和肾病，找工作不顺利，从事由社区提供的保洁工作已经两年了，平时有时间会发一些传单，加上低保金，能够勉强维持生活。后与工作人员交谈发现，除了上述帮扶，由于孩子考上大学，政府有补助资金 10 000 元，一些慈善机构，如桥梁工程、红十字会等都曾给予过帮助。她表示目前最大的困难就是供孩子上学，孩子上学是依靠贷款，未来面临还款压力。刘女士在访谈刚刚开始的时候就开始流泪，访谈的大部分时间心情都很低落，但是为了不让孩子看出来，她一直很坚强、很努力。张女士 49 岁，患有肾脏疾病和皮肤病，丈夫于 2010 年去世，属于丧偶家庭，她是初中文化，由于需要在家中照顾老人，所以没有考虑再婚和找工作，目前家中共有 4 口人，女户主、儿子（25 岁）、父母，母亲患病 4 年多，已是尿毒症后期，每月透析费用要 1000 多元，父亲患有冠心病，儿子大学未毕业，目前处于无工作的状态。访谈过程中，张女士表示自己心理压力很大，多次落泪。

还有不少女户主在访谈中表示自己压力很大、心情不好。例如，倪奶奶（低保户 43 号，城镇）67 岁，小学文化，老伴刚去世不久，属于丧偶女户主低保家庭，她身体不好，患有乳腺癌，心脏安了起搏器，重症肌无力，一旦发作就全身无力。她表示，“我的药就一直没断过，十几种药，主要是治疗心脏的药和治疗重症肌无力的药，一天要吃三次药。我每年基本上都要住院，做了三次大手术，在重症监护室两天才醒来。平时不住院、不输液，最低一个月也要花 700~800 元”“现在欠了十来万（元），都是找兄弟姐妹家借的，一直还不起。由于借了亲戚朋友的钱还不上，心里背起包袱，过意不去，心情肯定不好。本来说有点钱就会还他们，但是就是没有钱，经济困难，所以自己也过意不去”。

熊女士（低保户 49 号，农村）46 岁，丈夫 2010 年瘫痪卧床，属于事实女户主低保家庭，她说，“那时（丈夫瘫痪）我两个小孩都在读书，我的女儿还在读高中，我儿子又在读小学，确实恼火（困难），我又是一个妇女，晓得恼火（难受）也没有办法，想去想来他（丈夫）说他都不想活了，我说你不想活了，孩子咋子办呢，两个小孩还在读书，我说管他的，慢慢地过嘛”“就是压力太大了，家里面就是我一个人在支撑，每一天都要给他按摩才行，如果没有揉的话，神经压迫就没有感觉了，肌肉就要萎缩。医生说你要护理好，你要护理不好，就更恼火（难受）一些”。

由于熊女士儿子高中学费每年两三千元，熊女士压力很大，已经向亲戚朋友多次借款，欠债几万元，她表示：“有时候我觉得好累好累哦，真的压力大，有时候想死的想法都有。”熊女士在讲述的过程中也是多次落泪。

女户主段女士（低保户 64 号，城镇）46 岁，16 年前已离异，小学文化，属于离异女户主低保家庭，她患有风湿性心脏病和糖尿病，由其父亲和女儿照顾，父亲身体不好，女儿高中毕业还没有正式工作，主要就是打点零工兼照顾她，访谈时段女士刚动完手术，总共花了 13 万元，医保报了 7 万元多，剩下的 5 万元多都是借的，她表示，“就是精神压力大得很，因为心脏的问题一点刺激都不能受”，“最大的困难还是经济，没钱看病”。她最希望获得的是医疗救助。

相较于女户主而言，男户主心理压力较小，心情较好，能够自我宽慰。比如，李先生（低保户 16 号，城镇）49 岁，患有心脏病（病重），未婚，小学未毕业，一个人住在廉租房的最顶楼。经过访谈得知，受访者没有自己做饭，因为楼层太高自己无法带米和菜上去，另外用水也不方便，所以基本都是在楼下的餐馆中随便吃点。当问到他的身体和精神压力时，他说道，“天气好点我就好点，天气一下雨我就不好，我这是风湿性的心脏病，就像天气预报一样，心痛心闷的时候天气就要下雨，所以最恼火（难受）的时候就怕天下雨，天要下雨，我就喘气很厉害了，上气不接下气”，“生活中有压力吗，我没有去想这个问题，就想的是过一天算一天，把自己的心情稍微放轻松点”。

牛先生（低保户 31 号，农村）57 岁，小学未毕业，肢体残疾，未婚，目前无任何收入，残疾是 2003 年上班时因工造成的，他表示低保金在没有生病的时候还基本可以维持生活，对于精神压力，他说道：“还是要享受生活，经常看看电视，喜欢音乐频道，看看唱歌的，有时候看别人打牌。”纪先生（低保户 23 号，农村）

65 岁，小学文化，曾当过兵，患有肺结核和高血压，老伴患有骨骼坏死，身体不好，医疗开支很大，每月都要借钱度日，没有任何储蓄，儿子曾进过监狱，出狱后很多单位都不接纳他，只有打零工，有时候拿不到工资也没办法。虽然自己和老伴身体不好，儿子的就业也是问题，但是纪先生表示："我的心情，说老实话，我高兴得很，每天下午都有我的老朋友来陪我，就在这后头散步，包括养老院那些人都来陪我散心。"

女户主心理压力大和女性自身的心理与生理特点有关，也与女性在婚姻中的弱势地位有关。女户主在婚姻中更多处于被动处境，尤其是身体残疾或者患有重病的女户主，结婚和离婚大部分都不能由自己掌控。比如，罗女士（低保户 14 号，城镇）于 2004 年患病，做脑部手术后瘫痪，经评定为一级残疾，她丈夫多年前见罗女士生病就抛弃了罗女士和女儿，非常不负责任。李女士（工作人员 1 号）也提到，有一位低保女户主被人骗婚，男方为了有个孩子而娶她，生下孩子稍微有点问题，男方就毫不犹豫抛弃了女户主和孩子。由上可见，不少低保女户主属于被遗弃的单亲妈妈，她们的生活和精神压力很大。

5.2.2　女户主对困难多属内部归因，男户主多属外部归因

了解研究对象对自身陷入困难原因的解释是理解他们困难感受的基础。访谈发现，女性低保户主更倾向于内部归因，即把陷入困境归因于个人能力和文化素质不高。

比如，李女士（低保户 28 号，农村）81 岁，未读过书，老伴 1958 年就去世了，属于丧偶女户主，儿子有肢体残疾，无法做重体力劳动，家庭医药开支高，谈到自己的贫困，她认为主要原因主要是自己受教育水平低，"我一点书都没有读过，公社（村委会）发个手机我都打不来。年轻时候种庄稼，没有别的工作"。王女士（低保户 45 号，城镇）41 岁，丈夫在女儿刚出生几天后就突发疾病离世，在父母的帮助下，养育一个女儿，父母近几年相继离世，由于没有生活来源加上给父母看病的十几万元的欠债，她和女儿在 2018 年初开始领取低保。王女士目前住在哥哥的职工房里，最大的愿望是能有一个属于自己的房子，社区在 2018 年初为其申请的廉租房很快就可以交房。王女士最大的担忧是自己的身体，怀疑自己患了重病，但她表示不敢去医院做检查，担心会查出大病没钱治疗。王女士最大的需求是希望低保金待遇能够提高，另外是希望社区能给提供一份工作，因为自己难以在劳动力市场工作。王女士对社区的评价很好，但是表示与亲戚朋友的关系不是很好，尤其是领取低保金之后，亲戚更是担心自己会向其借钱，来往并不多，女儿也有一些自卑心理，比较内向，不爱说话，学习成绩不好。对于导致贫

困的主要原因，王女士认为，“自己没什么一技之长，无法就业导致经济困难”，“有基础的就都好找工作，没有基础的就不好找工作。因为现在竞争激烈”。她表示如果有机会参加培训，还是愿意学一点技能，同时希望社区能帮助推荐解决工作。由上可见，女户主的叙述多承认自己因为受教育程度、技能水平的劣势在就业市场中处于弱势地位而难以就业，即把个人原因看作困难的重要致因。

相比来说，男户主更倾向于把困难的原因归结为社会和政府政策等外部原因。比如，李先生（低保户 37 号，城镇）48 岁，离异，小学文化，因之前在工地受伤导致肢体残疾，目前没有工作，因疾病欠债几万元，没有任何积蓄，有一个儿子（26 岁），儿子初中文化，目前在工地打工。谈到陷入困难的原因，李先生表示，“现在没有工作。我原来摆摊。摆了七八年以后，就不允许摆了”“没有（参加过就业培训），这种培训起不到什么作用”。从李先生的叙述可以看出三层意思和一个归因：一是自己当年摆摊是可以维持生活的；二是他摆摊很长时间后，政策不让摆导致其陷入困难；三是就业培训对于找工作和摆脱困难没有用处。李先生的叙述完成了研究对象对困难的外部归因，即认为失业或无业是社会结构因素造成的，和自己缺少技能培训无关，最终为自己构建了困难非个人导致的理由。王先生（低保户 39 号，城镇）45 岁，已婚，小学文化，1994 年在电视和电脑装配厂里面上班的时候，发生了铅和汞中毒，导致二级残疾，双脚骨头全部坏死，其父亲 74 岁且患有肺癌，但为了维持家庭依然在工地打工，母亲 71 岁，在捡垃圾，妻子在打零工，谈到贫困的原因，王先生表示：“要不是发生中毒是不会沦落到这个地步的，这个（工伤）是 2008 年才发病的，那个时候工厂已经倒闭了。人都找不到了，就没有领到一分钱。”王先生的叙述也显示出他把困难的原因归结为工伤事故导致的劳动能力丧失，而且由于工厂倒闭他的工伤没有拿到任何赔偿，即外在原因是重要的致贫因素。赵先生（低保户 44 号，城镇），47 岁，离异，独自抚养一个 19 岁的儿子，家人健康状况差，赵先生下岗之后，脚部患有骨髓炎，导致其失去劳动能力，并且无钱医治，便一直拖着，儿子患有先天性漏斗胸，在四川大学华西医院住了 4 次院，家里也因此欠了 30 多万元的债，访谈时儿子已在技校读书。赵先生家里的主要生活来源是他和儿子的低保金，一共 380 元，前妻的抚养费 200 元及哥哥承担的水电气费，家庭面临的最大的困难是经济贫困，赵先生多次提到低保金不够用，希望低保金待遇能够提高，由于生活困难，压力很大，赵先生患上了精神分裂症，需要长期吃药，谈及自己家庭陷入贫困境地的原因，赵先生表示：“曾经在五金公司上班，属于国企，但是企业 2004 年破产了，我也就下岗了。”“失业有十年了哈，我的脚病有 8 年了，它一直不长好，因为我患有骨髓炎，骨髓炎就是一直都长不好，它是有一个洞，长期一运动或者一走动，它的血就往外冒，就不敢走。”

赵先生的叙述显示了其对社会变迁与改革的无奈，透露出他在改革变迁过程中所付出的代价，即下岗失业，也反映出社会变迁中的个人和国家与社会的关系。赵先生通过外部归因最终完成了对困难理由的构建，即使谈到了个人原因，也是个人不能控制的疾病原因，而非受教育程度、技能水平等个人素质原因。

5.2.3　女户主付出更多家务劳动，加剧对时间贫困和就业困难的感受

对家务劳动的分工的调查显示，在总共 62 户低保户中，只有 14.5%的家庭表示，家务劳动应该由双方共同承担。有 34 个家庭认为家务劳动由女性承担，占比为 54.84%，虽然有 19 位男性在承担家务，占比为 30.65%，但是这与其家庭的人口规模及家人身体状况密切相关，男性承担家务的家庭通常是单身或者妻子患有重病、无法劳动的情况。在两个人都是基本健康状态的情况下，男性承担家务的比例更小，女性承担家务的情况更加严重。

比如，林女士（低保户 54 号，城镇）53 岁，未婚，单亲母亲，身体不好，有腰椎病、颈椎病、大脑供血不足等健康问题，有时做些保洁等零工，女儿 11 岁，正在读五年级，花费较多，提到家务劳动，她表示："我身边的家庭都还是比较传统的，都是男主外，女主内。比如说我妹儿这些，她们既要上班，回家还要收拾做家务。像我哥哥或者弟弟，他们在家是不做家务的。"

杨先生（低保户 41 号，城镇）49 岁，已婚，小学文化，从小患有二级残疾小儿麻痹，妻子有精神分裂，共同养育一个 14 岁的女儿，但是女儿存在轻度智力障碍。女儿出生的时候，一家三口开始享受低保，2016 年由于妻子开始领取一个月 1300 块钱的退休金，一家人不再符合享受低保的条件，退出去一段时间，后来考虑到杨先生情况特殊，所以对其单独施保，每月享受 290 元低保金，残联对其还有每月 150 元的补贴。除此之外，杨先生还享有一张医疗救助卡，卡内有 300 元钱，杨先生一家可以到定点药店买药，医疗保险社区分担一部分保险费用。杨先生的低保金及其他福利补贴，加上亲友的扶持，基本可以满足家庭最基本的生活需要，主要的困难和担忧来自女儿。谈及家务劳动，他表示："我做不了嘛，像打扫卫生，我就是指挥她（妻子）做，有时间就让她下去捡点矿泉水瓶子，攒了几口袋在阳台上，买两袋烟。""（女人）洗衣做饭，打扫卫生，带带孩子，这是应该的，那男人在外面打拼，挣钱，养家糊口，也是应该的。还是女性应该承担更多的家务。"

伍女士（工作人员 2 号）35 岁，主要负责业务是民政和残联工作，她谈及家庭的家务分工时表示，"女性肯定要做的（家务）多一些，即使是在四川（性别歧视相对不严重的地区），女人照样做的多些，有可能女性不做饭，但是对于孩子来

讲，孩子就是天生更依赖母亲"，"生育是女人最大的软肋，生育可能导致女性失业、导致女性在家庭中的地位降低"。

张女士（工作人员 11 号）39 岁，主要负责业务是民政和残联工作，她认同女户主困难家庭更容易陷入困境，因为女性要承担照料责任和家务劳动，她表示："男女的身体差异这些各方面都是不同的。按照中国的传统，照顾小孩和父母大多数都是女性在照顾，女性付出更多一些。比如，两口子同时失业，家里面又有小孩需要照顾，一般都是男性出去找工作，女性在家里照顾小孩。"

女户主由于要兼顾家庭和事业，加剧了其时间贫困感，许多女性和部分男性也表示，为了照顾父母或者小孩，女性无法正常地参加工作，因此就业也十分困难。

例如，林女士（低保户 54 号，城镇）谈及就业问题，她表示，"我觉得特别是我们这种带孩子的，更不容易脱贫。我们这里的环境特别差，孩子不能离开我半步。所以我工作都不好找"，"我认为应该给我们带孩子的这种家庭适当照顾。不管是男性和女性，始终带起孩子都艰难，甚至单亲爸爸比单亲妈妈还要艰难。原来我们五栋一个老头带着一个儿子，也是随时都在找对门的罗婆婆借钱，一个男人又不会整理家里，家里一团乱。特别是带 16 岁以下孩子的单亲妈妈或者爸爸，因为照顾小孩的原因什么事也干不了"，"我曾经参加过半个多月的养殖培训，但是因为我带孩子，就没有办法上班"。

林女士在叙述中多次提到因为需要照顾孩子而难以就业的困难，并期待政府能够对带孩子的低保家庭给予特殊照顾。当然，为了能够兼顾家庭，不少女户主表示，希望社区帮助她们联系工作，如果是在家里就能完成的工作就更好了。王先生（低保户 39 号，城镇）从自己妻子的角度看，赞同女性脱贫更困难的说法，他说道，"社区也提过的（给他妻子找工作或培训），但是因为我老婆要照顾我，工作时间不固定且不能走远了，所以就没有办法出去工作"，"家务主要是我妈妈和我老婆在做"，"对于我老婆来说，这辈子我是欠她的"。

我国劳动力市场竞争激烈，就业主要还是看学历、能力等因素，但是在低保户这一特殊弱势群体中，低保户成员的学历普遍不高，身体条件普遍较差，家庭负担普遍很重，因此，影响找工作的最主要因素还是身体素质和时间，男性较女性体力更好，时间更充裕，因此工作相对好找一些。许多工作人员也表示，相对于男性低保对象而言，女性低保对象就业更加困难，收入更低。

陈女士（工作人员 4 号）43 岁，从事民政方面的工作近 10 年，经验丰富，关于就业她提到："女性在就业方面，虽然可以找到工作，但是找到好一点工作的难度还是较大一点，像我们这种小地方，就业时间长，太辛苦太累的工作虽然收入高，但是女性做不下来，所以女性收入上相对低一点。""（女性）就业能力上应该还是要差一些。特别是单亲家庭带着孩子的情况下，她在就业的时候可能会受到一些限制，很多单位应该说还是男女平等的，但是实际上并非如此。”

然而，尽管她认同女性就业更困难，但是并不是非常认同女性更容易陷入贫困，她表示：“其实，女户主就业虽然说有些时候就业困难一点，但是女户主身体状况和文化程度，我觉得，那些因素的影响比较大。其实，女性就业，说难也不难，只是说她找不到太高工资、太高待遇那种工作。比如说，做个保洁员、发个传单之类的，其实维持自己的生活难度也不会太大。”

曾女士（工作人员 12 号）40 岁，负责救助工作近 10 年，谈及就业和女性是否更容易陷入困境时，她表示，“我赞同女性更容易陷入困境、要更困难些，如在同等文化程度下，男性可以去干苦力，好找工作，女性从她的体质来说的话，相对要差一些”，“在照顾家庭方面也有差异，女性要照顾孩子，干体力活（没有时间）就不行”。

5.2.4　女户主自认为摆脱困境更困难，在这方面比男户主付出更多努力

对于“您认为男女摆脱困境方面是否有差异”及“是否应该更加照顾女性”这一问题，在得到的有效回答中，还是反映出了明显的性别差异，一方面，女户主对这个问题比男性想得更多、更复杂，但是男性看待这个问题很简单，回答也普遍很简单。另一方面，出现了“女户主认为女性摆脱困境更困难却说不需要特殊照顾”和“女户主认为应该对女性有特殊照顾，但是又说这不是自己想就能实现”的看法。22 位男户主中仅有 3 位认为女性摆脱困境更困难，占比为 13.6%；有 7 位认为男女摆脱困境没有差异，都很困难，占比 31.8%；还有 12 位表示没想过这个问题，不好说，占比 54.55%。在 40 位女户主中，有 22 位认为女性摆脱困境更加困难，占比为 55%，是男户主的 4 倍多。

比如，林女士（低保户 54 号，城镇）表示：“我觉得特别是我们这种带小孩的，更不容易摆脱困境”，“工作不好找，因为我带孩子的，还有就是我们的居住环境太差，必须要有人陪着小孩，保证小孩的安全，不然我都可以去上班了”。

苏女士（低保户 55 号，城镇）55 岁，丧偶，初中文化，30 岁的女儿患有精神疾病，欠债几千元，没有积蓄，家庭开支主要在食品与药品方面，最大的困难在于女儿的疾病，在谈到男女低保户主摆脱困境能力是否存在差异时说，她表示：“肯定是存在差异的，现在女的上了 50（岁），出去找工作一点都不好找，只能做扫地这些工作。”

段女士（低保户 64 号，城镇）谈及就业和脱贫，她说：“女性找工作更困难，摆脱困境不容易，我主要是担心，她（女儿）下班太晚了不安全。”

上文提到的王先生（低保户 39 号，城镇）的妻子一直照顾他，没有稳定工作，他有感而发地表示："因为我老婆要照顾我，工作时间不固定，没有办法出去工作。"

王女士（工作人员 9 号）41 岁，主要负责村务，包括脱贫攻坚、民政和社保等，她认为女户主更不容易摆脱困境，原因是："男性一般都在外面打工，女性一般都在家里面照顾小孩和老人，所以肯定男性脱贫能力要比女性强很多。因为你想嘛，原来农村的女性都很少出去打工，一般都是在家里面相夫教子。"

从低保户的情况来看，女户主普遍更加勤奋，想要摆脱困境的欲望更加强烈，并且愿意付出更多努力。即使女户主身体不好，但是只要还能做，就会一直坚持工作的很多，由于照料家人无法工作的女户主也一直期望社区能给介绍一些离家近或者能够直接在家完成的工作。尤其是单亲母亲，责任心会更重，牺牲精神更强，更会为了孩子而努力生活。相比之下，男户主多呈现出"我做不了"的状态，即使有些男户主身体很好，但是也会说"自己做不来"之类的话。与工作人员的访谈也会发现同样的问题，几乎每一位工作人员都提到女性更加具有吃苦耐劳的精神。

李女士（工作人员 1 号）25 岁，主要负责的业务是低保、低收入核对、减灾救灾，她提到了两个非常上进的女户主的例子："之前我在调研的时候，比如有个女低保户，她对她的丈夫是非常看不起的嘛，她就自己单独生活，甚至连孩子的抚养费都不要，她就自己一个人带着孩子生活，后来她因为得了癌症，才来申请低保，之前都靠在自己打工，她文化并不高，只有初中文凭，高中都没读完，她自己就去工厂，她当时自己给我们说的一个月只挣到 3000 多块钱，但是可能不止，然后她得了癌症实在是困难，她才开始申请低保。之前也有个城市户口的，她生了孩子，她的老大在读小学，老二是个男孩子，生下来才 1 岁，男孩刚会走路，她丈夫在外面猝死，他们夫妻很年轻，都是 80 后，然后造成她成为单亲妈妈，生活很困难，因为她是从遂宁嫁到成都来，她婆家老年人不愿承担责任，虽然说带了两个孙辈，一儿一女，但是婆家人不想管，就把所有的重担推给她一个人，她就来申请了低保，但是就算这种情况下，我觉得也就是她丈夫刚刚去世的那段时间给她打击很大，她现在整个人的精神面貌各方面都还不错，她也照样找工作，她的小儿子已经在上幼儿园了，她自己跟我们说，等她工作稳定点就不要低保了。

郑女士（工作人员 3 号）32 岁，主要负责业务是民政和残联业务，她提到，有一位女性属于低保边缘家庭，儿子患有自闭症，但是她一直很坚强，有上进心，因此，社区残联推荐她作为残联的联络员，她会产生一种正面影响。郑女士（工作人员 3 号）还提到，有一位女性，人称"独臂绣娘"，是肢体二级残疾，她老公也是残疾人，但是面对相同的生活，这位"独臂绣娘"便更加积极和上进，她在学习蜀绣。她说："她（独臂绣娘）老公感觉就不像她那么有上进心，因为她老公之前来开过贫困证明，他想要去他们社区申请低保，但是他老婆很有上进心，在学蜀绣，虽然少了一只手，但是还能绣蜀绣。她绣的作品很多我都有照片，而且经常参加各个地方活动的推广，前两天还参加了蜀绣大师的比赛。”“我觉得还是多自强，多励志的，而且她还带徒弟，免收学费。”这种女性自强励志的现象还有很多。

陈女士（工作人员 4 号）43 岁，从事民政方面的工作近 10 年，经验丰富，她说道：“我也是当妈妈的，我觉得其实女性在这方面（为了孩子努力工作脱贫）责任心更重，吃苦的精神更强。除非她身体状况确实比较难，比较恼火（困难），那种是个别情况，但是普遍来说，我觉得女人的毅力和忍耐力更强一些。”

孟女士（工作人员 5 号）25 岁，主要负责民政方面的业务，一直深入基层，对低保和其他社会救助的情况比较了解。她提到，在男性中，存在“养懒汉”的现象，与此相比，女性尤其是单亲妈妈要更有上进心，更有自尊心，为了孩子会做出更多牺牲，更加勤奋，从这个角度分析，她认为，女户主在摆脱困境方面更加努力。她说道，“我们这边其实纳入低保有一些男性，确实也有可能是政府养着他，相对懒惰一点点。我们之前有一户低保，确实身体有时会痛，但是没多大问题的话，也是可以工作的，我们也会建议他去找点活来干，他说去踩个三轮，踩两天，自己更不舒服了，说实在干不下来，就属于懒惰性的那种了，我们这还有一些男性比女性更差一点点”，“女性更有上进心，更能吃苦，这边也有几户是单亲妈妈，会为自己的子女考虑得更多，肯定低保的救助金对她来说确实过于薄弱，她可能会出去打点零工，更有上进心一点。怎么说呢，就是女性更有自尊心，她可能觉得本来就离异，老公又抛弃了自己，自己就会更加奋发图强一点”。

李女士（工作人员 7 号）43 岁，主要负责卫生、民政等工作，她也认为女户主更愿意付出努力去摆脱困境：“女的现在比男的能干多了，男的都懒。”

付先生（工作人员 10 号）43 岁，主要负责民政业务，他也认同女性更加努力、愿意为摆脱困境付出更多的观点，他说道：“女人能顶半边天，女同志自尊心更强，付出得更多，更加勤劳。”

以上访谈结果显示，尽管女户主认为摆脱困境更困难，但是其并没有自暴自弃，反而比男户主付出更多努力希望能脱离困难。

5.3　困难家庭对社会救助体验与感受的性别差异

本节通过访谈发现，不同性别户主困难家庭对社会救助的体验和感受有所不同，具体包括如下方面。

5.3.1　女户主比男户主更容易因领取社会救助而感受到污名

西方福利研究者早就发现社会救助涉及权力控制，政府工作人员能够通过控制申请流程来减少申请者并由此减少财政支出（Chan，1998），这是因为受助者重视个人尊严，而申领社会救助会为其带来“污名”（stigma），这种“污名”是社会建构形成的、具有负面的、区别于他人的属性。“污名化”（stigmatization）可以是刻意的，其中包含阶级、地位及权力等因素，具体方法包括冷漠对待、负面评语及惩罚制裁等（Robert，1984）。对于社会救助而言，“污名化”给受助者贴上的标签包括懒惰、欺骗、不良嗜好等，这使受助者产生较强烈的耻辱感和羞愧感，而政府可以利用负面标签合法地控制社会成员的行为，降低救助申请人数量，防止福利依赖的发生（陈泽群，2007）。

有研究者对福利污名进行了进一步分类，包括身份污名（identity stigma）、程序污名（procedure stigma）和对待污名（treatment stigma）（Stuber and Schlesinger，2006）。其中，身份污名是指受助者因为领取救助被贴上特殊标签，社会对受助者存在刻板印象，认为其存在能力或道德方面的问题。美国社会学家戈夫曼指出，污名是指由于个体或群体具有某种社会不欢迎和不期望的特征，社会对这些个体或群体贴上侮辱性的标签，使得被贴标签者产生耻辱和羞愧（Goffman，1986），这其实是对身份污名的注解。社会救助程序不当还会造成程序污名，如不再有权享有私人生活，不区分时间的不定期家访，公示受助者名单等程序，这些显然会伤害受助者的自信与自尊（Gilbert and Terrell，1998）。对待污名是指因为领取救助而遭受其他人的不良对待，这里的其他人主要包括受助者的亲属、邻居、朋友和项目实施者等。有研究表明，受助者因领取救助而遭遇过邻居的冷漠对待与歧视，也遭遇过基层相关工作人员的不平等对待和无礼对待（马凤芝，2010）。一方面，福利污名是社会救助不利用（non take-up）问题的主要原因，一些实证研究已经印证了这一点。比如，Feagin（1972）发现美国失依儿童家庭救助（aid to families with dependent children，AFDC）项目所救助的单亲母亲对接受救助金感到羞耻，提出之所以有 1/3~1/2 的美国人找不到体面工作且符合领取救助的条件却没有申请救助，很可能是因为惧怕福利污名带来的耻辱感。李棉管和沃克尔发现，中国某些农村贫困人口因为惧怕福利污名和“穷人”标签而放弃申请低保金（Li and Walker，2017）。虽然有一些研究表明除福利污名以外的其他的成本，如交易成本与信息缺乏在阻碍救助领取方面的作用更大，但是无论如何不可否认，福利污名是社会救助领取的阻碍因素之一，即它有可能会使潜在的受助者放弃申请社会救助。另一方面，福利污名会导致受助者面对社会歧视，承受孤立和排斥。

承受污名者会遭受社会和他人的贬低、疏远和敌视，导致社会隔离，污名还会损害被污名者的自我身份认同，从而导致其自我孤立与隔离。

本次访谈关注了不同性别户主对社会救助污名的感受，在对问题“您是否会因为领取低保金而感觉到难为情或者不好意思”的回答中，男户主和女户主形成了鲜明对比。一方面，大部分男户主对于领取低保金抱有理所当然的态度，认为自己贫穷更多情况下是外部因素所导致的，领取低保金属于自己应有的权利，符合领取低保金的资格而领取低保金，没什么大不了；另一方面，大部分女户主都反映，会因为领取社会救助而感到难为情，觉得领低保金很丢人，即社会救助会为其带来污名。

在 22 位男户主中，有 6 位表示会因为领低保金而感到难为情，占比 27.3%。更多男户主对领低保金持正常态度，有 11 人表示不会觉得难为情，占比为 50%。

辜先生（低保户 1 号，农村）61 岁，30 年前离异，小学文化，患病，年纪偏大，儿子于 2017 年入狱，现在没有任何收入，住在 20 平方米左右的自建房，只有床、衣柜和电饭锅，可谓家徒四壁。在问到领取低保金后，亲戚朋友态度是否有变化时，他答道：“没有变化。我这个情况大家认同，他们自然也不会有什么看法。”

张先生（低保户 2 号，农村）71 岁，小学文化，已婚，患有高血压和肺气肿，四肢无力，儿子 7 年前出车祸导致瘫痪，家庭生活中面临的主要困难是自己和儿子的医疗费。谈到领取低保金过程中是否有感到过别人的轻视，他表示：“没有，我们这个情况大家都能理解的。”

王先生（低保户 52 号，城镇）68 岁，初中文化，妻子身体不好，主要负责带孩子，女儿 13 岁，是智力和语言的二级残疾，他跟女儿两个人领取低保金，同时，无依无靠的侄子也跟随王先生一家，一家人除了低保金，跟侄子一起靠卖凉面生存，但是女儿经常生病，自己和爱人身体不好，所以并没有积蓄，除了经济困难，最大的压力是自己年龄已大，女儿还小，又没有照顾自己的能力。在问到领取低保金会不会觉得不好意思或者难为情时，他回答道，“有啥不好意思，我巴不得呢，我天天就盼着这一天呢，盼到一号就要签字，我今天空着的时候就要签字，就像你们上了班盼工资一样，一个道理。就盼着这个，还怕一下变了，一下没有了，这个咋整呢”，“这一点我们社区很清楚，大家都很同情我们，都支持我们，这肯定不会是个威胁啊，我觉得大家也没有歧视我，只是我的命运跟他们不一样而已，如果再生一次，我的命运肯定不会是这样”。

在 40 位女户主中，有 19 位表示会觉得难为情，占比 47.5%，因为领低保金而感到难为情和不好受的比例约是男户主的两倍，这说明女户主对领取低保金感觉到更多的负担和压力。

比如，李女士（低保户 20 号，农村）74 岁，丧偶，小学文化，患有脑血管硬化和高血压，肢体残疾，家庭因病欠债，儿女有的去世，有的不孝，目前和小儿子共同生活，小儿子无固定工作，偶尔打些零工，好吃懒做。在问到领取低保金是否会被周围人说三道四时，她表示周围的人会看不起她，说她吃政府的钱，而她面对质疑时，“就不说话，你说我吃政府我就吃政府。我又不跟你吵架，我懒得跟他们吵”。

李女士（低保户 28 号，农村）81 岁，未读过书，老伴 1958 年就去世了，属于丧偶女户主，儿子有肢体残疾，无法做重体力劳动，家庭医药开支高，她也谈到领取救助时会面对邻居和朋友的闲言碎语，她说：“别人说我儿子身高体壮的还领低保金，心里不好受。但是你们晓得不嘛，主要是我儿子腰受过伤，做不了重体力活。”

万女士（低保户 4 号，农村）74 岁，丧偶，有三个儿子，大儿子今年 51 岁，身体残疾，没有结婚，万女士和大儿子住在一起，各有一个小房间，二儿子患病，已丧失劳动能力，也住在同一个院子里。她也说到了邻居和朋友会说闲话，她表示：“周围邻居会说些闲话，说我吃低保，我说吃低保是国家补贴的嘛。邻居他们当面不说你，背地里肯定要说。就说你有那么多个儿子，你还吃低保。”

由上可见，女户主的污名主要是对待污名，即因为领取救助而受到其他人（包括亲友和邻居等）的不良对待。

本次调查专门询问并考察了领取低保金后亲友态度的变化，研究发现，女户主在领取救助后的亲友态度发生转变的情况较男户主而言更多，也就是说，在对待污名方面存在比较明显的性别差异。在 22 户男户主中，只有 3 户认为亲友的态度在其领低保金之后发生了转变，占比 13.6%，认为亲友态度没有变化的有 12 户，占比 54.5%，其他 7 户表示说不清楚。在 40 户女户主中，有 13 户认为亲友的态度有变化，占比 32.5%，比男户主高出 18.9 个百分点。

比如，王女士（低保户 45 号，城镇）在谈到领取低保金后亲戚朋友的态度时说道：“就是你没有钱嘛，感觉他们有一些瞧不起人。平时我也不怎么跟他们打交道，过年过节我也不到他们家里去。一般都是他们给我们打电话，我不给他们打电话，我一打电话，他们就会以为我是不是有什么想法，是不是又要找他们借钱，肯定会觉得不舒服。”

罗女士（低保户 48 号，农村）54 岁，丧偶，小学文化，有心脏病和贫血，儿子在外地打工，自己和儿媳带两个孙儿，在谈到领取低保金后亲戚朋友的态度时说道，“这个啊，一个人有（钱），大家都理你，要是没有（钱），不要说姊妹，妈都不想认你”，“还是有人说，说你吃也吃得，跑也跑得，还有领低保，还是有说闲话的”。

林女士（低保户 54 号，城镇），当问到领取救助后周围的亲戚朋友的态度是否变化时，她说道：“我妹妹骂我。原来我申请低保她骂我，后来我说我申请廉租房，她也骂我。她说你穷得吃低保，丢人现眼。”

以上表明，女户主在领取低保金过程中比男户主更多地感受到对待污名，这也就导致了女户主更多的负担和心理压力。

5.3.2　更多女性认为应对女户主困难家庭在救助方面给予特殊照顾

总体来看，22 名男户主中，只有 3 位认为应该更加照顾女性，占比仅为 13.6%。比如，李先生（低保户 16 号，城镇）49 岁，患有心脏病，未婚，小学未毕业，一个人住在廉租房，在谈及这个问题时他说，“同意（给女户主特殊照顾），可以在心理上或者某些方面给她们（女性）一些支持和鼓励”。

大多数男户主认为男女户主同样困难，不应该因为性别就给予女户主特殊照顾。比如，韩先生（低保户 10 号，城镇）64 岁，丧偶，小学文化，有糖尿病、肝脏和心脏疾病，女儿有胰腺癌，在谈及这个问题时说道：“哪有需要特殊照顾喃，每个人都是一样的嘛。”

何先生（低保户 11 号，城镇）31 岁，未婚，尿毒症患者，一周透析 3 次，花费较高，6 年前查出尿毒症对于年轻的他打击巨大，但他态度还是比较乐观的，其父在快递公司上班，母亲在夜市上班，两口子每个月挣的钱都用于儿子的医疗费，因此，社区很快速地帮他申请了低保。谈到女性是否需要特殊照顾时，他说：“我觉得这个应该和男女无关，低保还应是考虑你在这个家庭中所处的位置，看是不是家里的顶梁柱啊，就是看这个来，如果你是一个平时整个家的收入来源，结果丧失了劳动力，那对你的照顾力度还是应该大点，应该是从这方面考虑而不是考虑男女性别这方面。”

在 40 名女户主中，有 15 位女户主认为需要对女性特殊照顾，占比为 37.5%，远高于男户主的比例。

在认为“应该特殊照顾的女户主家庭”的女性受访者中，曾女士（低保户 63 号，城镇）29 岁，先天脑瘫，从没读过书，未婚，仅仅会最基本的吃饭和穿衣，一直没有工作，可以说话，但不太清楚，她的说法具有一定代表性，她表示：“我觉得还是应该考虑这个差异的，毕竟女性肯定是弱势一点的，有照顾就更好了。”

倪女士（低保户 43 号，城镇）在谈到对女户主是否应该适当照顾时表示：“应该有些特殊照顾。我就是希望能不能多补助一点，现在经济压力太大了。以前都是在向亲戚姊妹借钱，心里面都背起包袱的，心情就肯定不好。本来是说有点钱就会还他们，但是就是没有钱，所以自己也过意不去。”

李女士（低保户 56 号，城镇）84 岁，丧偶，小学文化，自己患有糖尿病和白内障，儿子失业，家庭欠债 3 万多元，在谈及针对女户主困难家庭的特殊照顾时表示："带个娃的女户主，是需要特殊照顾，很恼火（困难）。"

另外，有 3 位女户主表示，虽然希望救助政策能向女性倾斜，但是不是想就能实现的。

李女士（低保户 20 号，农村）说："没有想过（特殊照顾）。哪个敢说，人家拿了一点给你就算了嘛，你还想多要。人家给你十元钱，我就要十元钱。"

杨女士（低保户 5 号，农村）47 岁，已离婚 20 多年，文化程度是小学，三级智力残疾，并且还患有糖尿病、切除了子宫，生活基本能自理，但情绪极不稳定。她有 2 个妹妹，因为其低保的特殊情况，在前夫家土地被占时，放弃其他所有财产，优先获得赔偿了一套 35 平方米的安置房，装修是其妹妹和父亲帮其完成的。目前她与妹妹暂时住在一起，她父亲的安置房还没有分到，所以先住她的房子，等到其父亲分到安置房，她将独自一人居住，由其亲戚不定期照看。在谈到是否应该对女户主低保家庭给予特殊照顾时，表示："不考虑这些，能有的就有，没有的我们也不会多想，这都要看政策。"

以上这些想法一定程度上表明，女性接受救助的状态较为被动，有不少人认为"获得低保金还是要看政策、看政府"，而不认为接受社会救助是一项基本权利。与之相比，低保女户主与一些低保男户主表现出的"我生病了，我应该拿低保金"和"我符合接受低保的条件，我领取低保金是应该的"的态度和底气形成鲜明对比。

有一些工作人员在谈及这一问题时，也认为政策应当适当向女性倾斜，如曾先生（工作人员 8 号）69 岁，负责救助、村民调节、宣传政策等，在提到男女性别差异和对女性是否应有特殊照顾时表示："男性在外面赚钱方面更有优势，救助等政策应该向女的倾斜一些。"

在具体政策倾斜方面，与低保户希望得到更多经济帮扶不同，工作人员多数认为该从就业培训等服务方面给予低保女户主更多帮助。

比如，张女士（工作人员 11 号）表示，"看哪方面的救助。比如像金钱和实物这方面我觉得没有必要。但是像就业这方面，我觉得可以适当考虑一下女户主的特殊情况"，"针对有就业需求的，可以给她们提供就业培训或者就业机会，让她们能够自食其力"。

曾女士（工作人员 12 号）在谈及针对女户主低保家庭是否应有特殊照顾政策时说道："这个还是要看实际情况，有的需要资金，有的问题是资金无法解决的，有的需要心理上的疏导和照顾护理。女性情感需求比较强，得精神病、抑郁症的概率要高一些。制定这个政策是可以，但是政策要强硬一些，细化一些，更明确一些，不然基层的工作不好做。"

以上表明部分工作人员已经认识到女户主低保家庭的困难不单纯是经济问题，而是各种问题混合交织在一起造成的，是一种多维困境，需要更加精准、有效的应对手段。

5.4 本章小结

本部分从社会性别视角出发探讨了女户主困难家庭对困难及社会救助的体验与感受，并与男户主困难家庭进行了比较，以上受助对象的经验叙述是鲜见于官方和精英叙事的。学界和政府许多关于困难家庭和社会救助的研究多采用定量方式，对其进行“客观性”分析，本部分的研究从困难家庭的主观经验出发，探讨女户主困难家庭对困难及社会救助的体验，从研究对象主体叙述来建构对困难和社会救助及相关政策的理论解释，力图呈现出“官方叙事”和“精英叙事”背后的那些“沉默的声音”，展现困难女户主的心路历程和生活体会，以增加社会对这个群体及她们生存状况的认识和理解。

研究发现，女户主对自己所处的贫困状况存有更大的心理压力并更倾向于内部归因，相比之下，男户主心理压力更小且倾向于外部归因。把困难归结为自身能力等内部原因而非政府和社会等外部原因，会使女户主难以建构困难是社会结构因素导致的理由。正如解释救助行为的归因理论所述，内部归因会成为阻碍求助的因素，如果进行外部归因则会促进求助行为的发生（Tessler and Schwartz，1972），也就是说，从理论上讲，女户主的内部归因会阻碍其申请和领取社会救助，但由于生活所迫，她们不得不依靠救助生活，这会导致她们产生巨大的心理压力。此外，女户主在无偿家务劳动方面付出更多，加剧其时间贫困和就业困难的感受，因此，女户主自认为摆脱困境更难，尽管如此，为了摆脱困境女户主大多更加勤劳，在摆脱困境方面比男户主付出更多努力。在对社会救助的体验上，与男户主相比，女户主感受到更多的污名，她们表示领取救助过程中的那份感觉很不好受。这不仅因为社会对领取救助带有刻板印象，认为“吃低保”属于不劳而获，不够光彩，造成“身份污名”，还因为复杂的申请审批程序和张榜公示等造成了“程序污名”，另外，主要原因是领取救助后，她们的亲朋好友等改变了原来的态度，造成了“对待污名”。本章发现，女户主困难家庭领取救助后亲友发生态度转变的情况较男户主更多，也就是说，困难男户主表示领取救助前后其亲朋好友态度并无多大变化，“对待污名”的情况较少，而女户主更容易遭遇“对待污名”。更多女户主和部分工作人员认为应该对女户主困难家庭给予特殊的照顾，如在现金救助和就业救助方面进行政策倾斜，或在心理上与就业方面给予支持与鼓励等。

西方文献显示，女性承担大量家庭无偿劳动，导致时间被占用，更易陷入时间贫困（Kher et al.，2015）。女性福利领取者更易出现持续贫困现象，虽然女性认为领取救助是应有权利，但是领取救助仍带有较强的污名效应（Wilson，2012）。本章发现与西方研究发现类似，不同之处在于我国贫困女户主并不像西方女性受助者那样具有基于个人主义的权利观，不少女户主表示了对国家救助及党和政府的感激之情，她们感恩戴德的态度吐露出她们仍然把社会救助看成是政府的一项慈善举措，而非自己应得的权利。也就是说，目前我国的社会福利观和受助观还不是制度性的"权利"观念，而是仍然带有传统社会救济慈善观的色彩。另外，尽管在我国更多女性自认为摆脱困境存在困难，但其实上一章数据分析已显示，无论城市还是农村，男、女户主困难家庭在低保依赖方面均表现出很强的一致性，并无明显差异，这与西方研究发现有较大出入。通过访谈，本章认为，男、女户主困难家庭在低保依赖方面一致性强的可能原因是我国困难家庭多是有残疾、重大疾病或年老等无劳动能力者的家庭，这和西方救助家庭多是单亲母亲家庭有着本质区别，我国困难家庭迫于生存的压力，不得不领取救助，无论是男户主还是女户主，他们由于劳动能力限制或需要照顾家人，难以获得稳定就业并摆脱困境，不得不依靠救助生活。

第6章　应对我国困难家庭性别差异的相关对策

“贫困女性化”是美国学术界在20世纪70年代末提出的概念，即贫困女性占贫困人口的比例及女户主贫困家庭占全部贫困家庭的比例快速增长的现象。到20世纪末，女性贫困问题引发了全世界的关注，1995年在北京召开的第四次世界妇女大会聚焦女性贫困问题，通过《行动纲领》明确指出，当今世界上10亿多人生活在令人无法接受的贫穷状况下，其中大多数是妇女，多数是在发展中国家。进入21世纪以来，贫困妇女人数的增加同男子相比不成比例，在发展中国家尤其如此。在经济转型期国家，妇女贫困人数日益增长成为一个重要问题，导致女性贫困的因素除经济因素外，还包括社会结构方面的因素，如女性在受教育权利、就业、培训与生产资源获取等方面处于相对的弱势地位（李敏，2015）。联合国发布的《2005年人类发展报告》直接指出，性别是世界上表明一个人处于弱势的最强大标志之一。

调查显示，我国与贫困密切相关的数据都呈现出明显的女性弱势倾向，在下岗失业人口中女性所占比例远远超过男性，成为因下岗失业而沦为贫困人口的大多数的原因（胡鞍钢，1999）。世界银行2002年《中国国别社会性别报告》指出，尽管中国基本形成了保障和促进性别平等的法律体系，经济社会发展也为女性提供了发展的条件和基础，但是男女两性的发展差距仍然较大，其中包括劳动力市场上就业性别不平等现象严重、教育和公共医疗资源获取上的性别不平等及城乡的贫困女性化问题。女性就业集中在报酬比较低的领域，导致性别间的收入差距，另外，企业在招聘和解聘中也对女性存在歧视，使得女性的失业率更高。教育方面，初中和高中阶段女孩的入学率更低，辍学率更高，较低的受教育程度显然会对女性的经济收入和社会地位带来不利影响。不少家庭尤其是农村家庭倾向于把医疗资源用在男人和男孩身上。以上性别不平等使得女性面临更大的贫困风险，更易陷入贫困。2016年中国社会科学院人口与劳动经济研究所主编的《人口与劳动绿皮书：中国人口与劳动问题报告 No.17》指出，城市女性工资收入占男性工资收入的比例从 1990 年的 77.5%下降到 2010 年的 65.8%，降低了十几个百分点，这说明近些年来中国城市女性工资收入远低于男性工资收入，这加剧了女性陷入困境的风险。根据民政部的相关数据，如图 6-1 所示，2010 年起，城市女性低保对象占全部低保对象的比例呈逐年上升趋势，2016 年该比例已达 43.00%。我国目前还没有女户主困难家庭的单独统计数据，但是根据 2013 年中国城乡困难家庭社会政策支持系统建设的调查数据，可以统计出女户主困难家庭占全部困难家庭的比例大约是 32%。随着中国城市化进程的加快，在独身女性占比和离婚率攀升的社会背景下，可以预见，女户主困难家庭的比例很可能呈上升趋势，由上可见，我国贫困女性化现象已经开始显现，需要引起理论界和实务界的高度关注和重视。

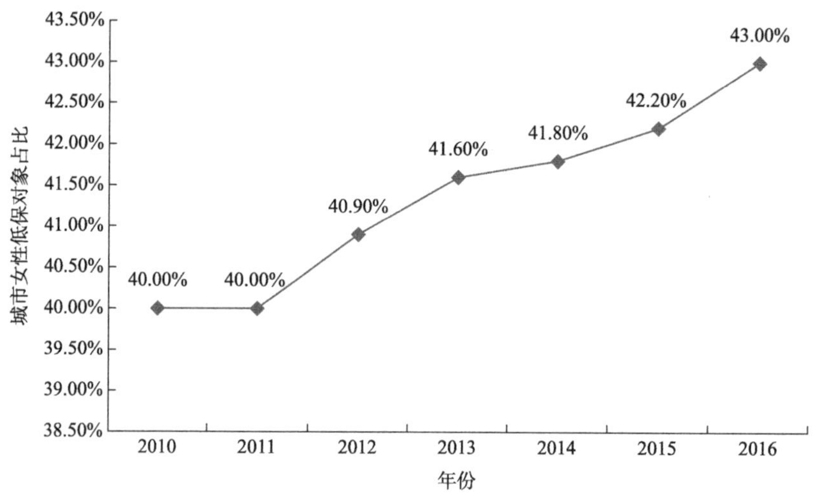

图 6-1　城市女性低保对象占低保对象的比例（2010~2016 年）

资料来源：参见相关年份《中国民政统计年鉴》

本节借助民政部全国城乡困难家庭调查的数据并通过对若干城市男女户主困难家庭深度访谈的方式，从对困难群体的关注出发，透过社会性别视角研究了我国困难家庭的性别差异，着重考察女户主困难家庭和男户主困难家庭在贫困与社会救助等方面的差异，目的是提出适合我国的具有社会性别敏感性的相关对策建议。

对策建议主要分为三个层面，即理念目标、政策设计和技术方案。理念目标其实是选择想抵达的目的地，政策设计其实是选择合理达到目的的路径，而技术方案是尽可能选择便捷或优化组合的交通工具。如果目的地选择错误，无论路径与工具如何优化，也不可能到达目的地；如果路径选择错误，无论交通工具如何先进，也难以到达目的地；如果目标和路径都正确，但交通工具并不优化，虽然能够达到目的地，却要付出巨大的代价或成本（郑功成，2007）。尽管上述三大要素并不是绝对需要分阶段进行，但若没有解决好目标与方向问题，便不可能有合理的政策设计，而缺乏合理的政策设计，再成熟的技术方案也无济于事。因此，清晰的理念目标优于政策设计，合理的政策设计又优于具体的技术方案，在实践中这三大要素需要相互配合、共同作用。

6.1 理念目标：推动社会性别平等主流化

制度或政策的价值理念非常关键，它通常具有三大基本功能：一是认知功能，帮助政策制定者认识到问题的核心和关键；二是规范功能，可以作为政策制定或改革的指导原则和规范；三是说服功能，有助于在政策制定或改革层面获得支持和赞同（Daigneault，2015）。可以说，理念目标制约甚至决定着政策的发展方向和客观效果。

在理念目标方面，应该在全社会推广社会性别意识、形成性别平等的良好氛围，把社会性别纳入反贫困和社会保障决策的主流。社会性别平等是指在社会生活各个方面男女两性具有平等的权利、责任、机会、待遇和价值，无论男女都可以自由发展个人能力并自由做出选择，男性和女性的不同行为、期望和需求都能得到同等考虑与评价。男女平等是社会正义的条件，也是平等、发展与和平的必要基本先决条件（宋健，2012）。当然，社会性别平等并不意味着女性和男性必须变得一模一样，而是说他们的权利、责任和机遇并不是由他们的性别来决定的。社会性别平等如今已经成为国际社会的共识，世界各国政府多次强调关于推动男女平等的政治承诺。1993 年世界人权会议上通过的《维也纳宣言和行动纲领》确认了妇女和儿童的人权是普遍性人权当中不可剥夺和不可分割的一部分。指出：“要根除对妇女的一切形式的隐含和公开的歧视。妇女有权享受充分的、易于获得的医疗保健，享受最广泛的生活服务，平等接受各级的教育。”1995 年北京的第四次世界妇女大会通过的《行动纲领》中，“社会性别主流化”成为推动社会性别平等的重要理念和目标。2000 年的《联合国千年宣言》要求各成员国促进社会性别平等以推动女性赋权，并以此作为消除贫困、饥饿、疾病的有效办法，刺激真正意义上的可持续发展。2020 年，习近平总书记[①]在联合国大会纪念北京世界妇女大会 25 周年高级别会议上发表重要讲话，指出要“让性别平等落到实处”，“要消除针对妇女的偏见、歧视、暴力，让性别平等真正成为全社会共同遵循的

① 习近平在联合国大会纪念北京世界妇女大会 25 周年高级别会议上发表讲话[EB/OL]. http://www.gov.cn/xinwen/2020-10/01/content_5548947.htm[2021-10-07].

行为规范和价值标准”。有证据表明，当女性和男性相对平等时，经济趋向快速发展，贫困人口脱贫速度增加，女性、男性和儿童的福利得到有效提高。而性别不平等会产生严重的社会与经济后果，如降低生产率和总体增长速度，提高贫困率，导致男女双方生活质量下降等（宋健，2012）。因此，社会性别平等是发展中的应有议题，要最大限度调动广大女性积极性、主动性、创造性，必须保证男女具有平等的权利和机会。

虽然 1995 年第四次世界妇女大会在北京的召开已经使“社会性别主流化”在中国受到重视和关注，然而这种重视和关注还主要局限在理论界，而且理论界对如何使“社会性别主流化”能在政策实践中体现还尚处于研究探索阶段。广大社会成员对男女平等的新的性别模式缺乏深入和透彻的理解，传统的社会性别意识形态还发挥着重要影响，内化在女性心里，隐藏在家庭内部，如研究发现，女性低保对象承担更多的无偿家务劳动，面临较严重的时间贫困问题，男性低保对象认为女性理所当然就应该承担家务和照料责任，“男主外、女主内”的传统观念仍左右着人们的思想，影响着夫妇的性别角色认同，这也导致性别资源的产生。在贫困家庭中男性的资源主要来自其经济地位，女性的资源主要从家务中获取，贫困女性在家庭中承担了过多家务劳动和家庭成员的照顾责任。人们通常认为女性因本身的一些特点，如看护技巧、耐心细致等，在从事某些工作时具有优势，但事实是因为社会文化将那些有可能培养这些特点的工作和责任分配给了女性，才使得她们获得这些特点（谭琳和陈为民，2001）。家庭分工强化了女性的社会角色，进而造成了女性的时间贫困，并限制了她们的就业领域，而同时社会服务和相关就业促进制度多向女性提供家政服务、照顾护理等方面的培训和就业信息，认同女性应该承担的社会角色，可以说，文化和社会制度的双重因素强化了女性的社会角色并塑造和强化了性别不平等（李敏，2015）。

因此，在理念目标方面需要从文化和社会制度两方面入手，一方面，要发挥政府和社会组织的作用，在全社会中积极推进性别平等的社会文化观念，培育女性权利意识和主体意识，塑造男性的社会性别平等意识，这需要在家庭教育和学校教育中贯彻实施。要改变男女不平等的文化习俗，尊重男女两性在社会、家庭和个人生活等各个领域和各个方面的平等权利，承认男女两性应有平等的机会享有政治、经济、社会、文化及健康等各方面的资源。此外，中国地域广阔，各地经济与社会发展状况差别较大，城乡二元结构特征也还将持续较长时间，不同民族间文化差异也值得重视，对不同地区、不同社会阶层、不同民族的女性问题还需要进一步研究和关注。另一方面，要从社会制度入手，打破性别社会分工的固有思维，防止男女两性差异被无限放大，公平的社会制度不但要纠正对女性的偏见，还应该弥补偏见对女性造成的伤害，在家庭劳动领域和社会保障等相关领域要改革相关制度和政策，把社会性别平等纳入制度决策的主流，改变任何限制男女两性享受平等权利和机会的制度规定与政策措施。总之，应该在目标理念方面确定对社会性别意识的推广，加强性别平等理论的普及教育工作，推进社会性别平等主流化的理论与实践，让社会性别平等理念真正融入反贫困和社会保障等社会政策。

6.2　政策设计：构建性别敏感的社会政策

社会政策是以社会公正为理念依据，以解决社会问题、保证社会成员的基本权利、改善社会环境、增进社会整体福利为目的，以国家进行的社会立法为主要途径而制定和实施的一系列法令、条例、措施、办法等的总称（宋健，2012）。它是国家为实现一定时期的历史任务而制定的解决社会问题的行为准则，体现政府对于提高人民生活水平、安定社会秩序的愿望。社会政策是具有社会性的政策，基本目标是满足社会成员的基本需求、解决社会问题、促进社会稳定与和谐、提高社会生活质量，集中于促进社会生活福利和协调发展的各方面，其核心包括社会保险、社会救助、医疗卫生服务、住房政策、教育政策、社区与非营利组织发展、反贫困等，社会政策可以改善不同社会群体，尤其是弱势群体的社会福利。可以说，构建性别敏感的社会政策是根除社会性别不平等最强有力的措施（宋健，2012）。针对困难家庭的性别差异，应该通过社会政策的调整来加以应对，也就是说，需要从社会性别视角审视、协调和完善现有的相关社会政策。在这一过程中，要求把社会性别视角纳入政策决策与设计环节，树立性别意识，从影响男性和女性发展的角色、态度、思想行为模式及价值、关系、地位等方面的社会架构方式，来观察和思考现行低保和相关制度问题，构建相关改革政策，使反贫困、社会救助等相关政策具备性别敏感性，助力女户主困难家庭的脱贫发展。

根据前几章的研究发现，女户主困难家庭和男户主困难家庭在不少方面存在性别差异，对此，可以有针对性地构建和调整相应社会政策，使之具备性别敏感性。

第一，就业政策方面，要完善男女平等就业社会政策的制定和执行。

本节发现，女户主困难家庭在有工作的人的数量方面明显低于男性，女户主在无偿家务劳动方面付出更多，加剧了其时间贫困和就业困难，这说明我国就业领域存在性别不平等，贫困女性属于收入和性别的双重弱势群体，她们就业更加困难，受到劳动力市场的排斥。在我国向社会主义市场经济转型过程中，女性承受了更多的体制改革与下岗失业的负面影响，在社会资源重新配置和社会利益结构重新界定的过程中，男性结构更趋于橄榄形，女性结构及社会经济等级结构更趋于金字塔形（杨旻，2009）。女性的失业率较男性而言更高，失业后再就业更加困难，我国针对维护女性基本权益的政策较多，但能够帮助女性人力资本能力建设的政策较少，即绝大多数政策法规都是赋予和保障女性生存的基本权益，真正能够帮助女性自身能力发展的政策很少（李敏，2015）。虽然有学者通过研究认为中国是世界上男女劳动参与率最高的国家之一，也是男女劳动参与率差距最小的国家之一（潘锦棠，2002），但必须看到我国男女两性在就业上的显著差异，女性就业领域多集中于农业、服务业等收入和地位较低的产业和行业，也就是说，劳动参与率的指标可能掩盖了女性就业岗位在市场化背景下出现的劣质化趋势。2017 年联合国关于中国人权和极端贫困的报告指出，城市女性工资收入占男性工资收入的比例从 1990 年的 77%下降到 2010 年的 67%，这就反映出女性就业岗位和薪酬劣质化的现象和趋势。我国女性就业歧视表现在许多方面，如用人单位或拒绝接收女性或提高女性的录用标准，工作中经常以结婚、怀孕、产假等借口辞退女员工或单方面解除劳动合同，或不重视女性升迁机会，或使男女同工不同酬等，女性就业状况的恶化不仅对女性利益产生不利影响，还将强化重男轻女的思想，加剧性别不平等。

女性就业的社会政策大体可分为四个层次：一是人力资本投资平等；二是就业机会平等；三是劳动报酬和晋级平等；四是福利补偿和优待平等。第一层次是男女两性获得的人力资本投资平等，女性在成长过程中应该得到与男性同等的人力资本投资机会，尤其是受教育机会，这样女性才有可能在劳动力市场上有平等的竞争机会。利用人口普查的数据比较分年龄未上过学的男性和女性，明显看出女性在各年龄段未上学的人数都超过男性，特别是这一现象在年龄大的人口中越明显，女性文盲占比也远高于男性，女性受教育水平低加剧了女性在就业市场上的弱势地位（宋健，2012）。第二层次是女性和男性具有平等的就业机会，现有的法律法规虽然规定男女具有平等的就业权利，但由于缺乏相应配套政策法规，劳动力市场上各种歧视性的招聘行为没有受到有效监督和惩罚，无法为女性实现真正平等就业创造条件。第三层次是女性就业后应该保障男女同工同酬，保障女性享有与男性同等的培训、晋升和福利分配权利。虽然《中华人民共和国妇女权益保障法》规定要实施男女同工同酬，但是落实过程中实施不力，男性和女性在岗位和职业上的差别明显，女性在职业晋升中的“玻璃天花板”现在仍然存在（宋健，2012）。第四层次是要消除由于女性生理特点和母亲角色而产生的就业障碍。女性的生育行为对整个社会具有正的外部效应，对用人单位却是一种私人效益小于社会效益的行为，因此，对于女性的生育等成本应该由社会承担，通过统一的生育保险来承担成本，降低企业的额外负担，提升企业招聘女性的积极性，尤其在三孩政策的背景下，要更加关注消除女性因生理特点而面临的就业障碍。

在就业社会政策的制定方面，首先，要构建补足一些空缺的政策法规，如反就业歧视、反间接歧视的规定等。现有法律法规虽然规定男女具有平等的就业权利，但缺乏配套政策法规，对雇主招聘行为缺乏监督和制约，缺乏相应的实现平等就业权利的条件，为此，政府可以对女性员工超过一定比例和积极雇佣女性低保对象的企业在所得税和其他投资政策方面给予优惠和特殊支持，对于招聘条件上明显歧视女性的企业给予一定的法律制裁和舆论制约，运用政府的公共力量推进平等就业，帮助女户主困难家庭解决就业问题。其次，要修正一些不明确和不清晰的政策表述，如 2018 年最新修订的《中华人民共和国劳动法》第十三条规定，"在录用职工时，除国家规定的不适合妇女的工种或者岗位外，不得以性别为由拒绝录用妇女或者提高对妇女的录用标准"，但对于什么是"不适合妇女的工种或者岗位"并没有明晰的界定，劳动力市场中"不适合妇女"（如工作辛苦、加班、要喝酒等）成为雇主拒绝女性的最普遍、最常见和似乎最"合法"的理由，对以上类似的表述要加以修订。再次，要保障政策的落实，包括加强监督，要求单位在招聘、晋升、加薪、对待女性怀孕生育等诸多方面，信息公开，制定详细、完备的规则制度，减少可暗中操作的环节，减少对性别歧视的可能接口等，在政策的执行和评估阶段，要从性别角度加以考虑，保证政策的落实有益于男女双方（余秀兰，2015）。最后，要确保教育、健康方面的政策向女童尤其是贫困女童倾斜，使其在成长过程中获得同等的人力资本投资，只有这样才能保证未来女性的就业平等并减少贫困的代际传递；还要完善女性生育保障制度，女性生育是人类繁衍的必要条件，是社会的公共物品，政府要通过生育保障制度为女性生育造成的损失给予适当补偿，而不能仅仅让女性自身承担损失。

第二，社会救助政策方面，要对女户主困难家庭实施有针对性的救助倾斜，并增设心理救助。

本节发现，女户主困难家庭在低保金、医疗救助和临时救助方面的救助金水平明显低于男户主；在对社会救助的期望方面，困难家庭也存在明显的性别差异，相较于城市男户主家庭，城市女户主困难家庭更希望获得教育救助和住房救助，相较于农村男户主家庭，农村女户主更希望获得低保金、教育救助和临时救助。此外，女户主心理压力更大，她们把困难更多做内部归因，自认为摆脱困境难度更大，愿意为摆脱困境付出更多努力。

基于以上研究发现，有必要改革和调整既有社会救助政策，使其具备性别敏感性。一是要适度提升女户主困难家庭的救助收入。目前，我国绝大多数地区已经实施了分类施保，即基于困难人群所属的类别进行有针对性的救助，根据所属类别，救助对象可以获得不同比例救助幅度的上调，以惠及特殊困难者，这些特殊困难者主要包括传统民政救济对象（"三无"人员）、享受低保待遇的老人、儿童、重病、重残人员等，但目前的分类施保政策并没有从性别视角考虑到女户主困难家庭的特殊困难，因此，可以考虑把女户主困难家庭作为一类特殊的群体，给予一定比例救助幅度的上调，解决女户主困难家庭低保金收入明显偏低的问题。在临时救助发放中，也应适当考虑户主性别，给予女户主困难家庭更多的照顾和优待。二是强化针对女户主困难家庭的既有专项救助。城乡女户主困难家庭均对教育救助有明显高于男户主困难家庭的期待，这说明女户主更关心家庭中子女的教育问题。教育救助是国家和社会为保障适龄人口获得受教育机会，从物质和资金等方面对贫困地区和学生在不同阶段提供的援助制度，包括减免相关费用、发放助学金和给予生活补助等救助形式，是应对贫困代际传递的重要措施。针对女户主困难家庭应该加强教育救助，除运用上述经济救助形式外，还要提供一些行为方面的救助，困难家庭中的学生易自卑、敏感、自我封闭等，在教育经济援助同时，也应实施心理辅导等及时干预和纠正学生的行为偏差。另外，有些女户主困难家庭还提到了希望有课后辅导服务，帮助子女提高学习成绩，这其实表达了对教育救助服务的需求。除教育救助外，城市女户主困难家庭对住房救助有较高的期待，这说明在廉租房分配时应当适当向住房困难的女户主困难家庭倾斜，优先满足其住房需要。困难女性因自身生理特征，加上长时间劳作和贫穷落后的现实条件，以及健康和防病治病意识较淡薄，其健康情况较差（向德平和程玲，2015），再加上女户主困难家庭医疗救助水平明显低于男户主，可以判断，若不针对女户主困难家庭加强医疗救助，其健康状况堪忧，困难程度会越来越深。因此，要在医疗救助方面对女户主家庭适度倾斜，提高对女户主困难家庭的医疗救助力度。由于女户主困难家庭倾向于把困难看作自身技能差、受教育程度低所导致，愿意为脱贫付出更多努力，应该在就业救助方面向女户主困难家庭倾斜，她们愿意接受旨在提高技能的培训并为实现就业付出努力。其实，从西方的经验看，就业救助或工作福利就主要是针对女户主福利家庭的，防止其产生福利依赖，尽管研究发现我国男女户主困难家庭在福利依赖方面并无明显差异，但不可否认，困难女性就业的难度更大，因此需要加大针对女户主困难家庭的就业救助力度，尤其要注重培训和公益岗位的提供。培训方面要注重提高培训的质量，提供有针对性的、适合劳动力市场需要的高质量培训，使女性不至于因生活困难而不能接受新技术、新技能的教育和培训，社区要及时向女户主困难家庭提供就业培训信息，帮助培训后的困难女性实现就业。由于女性困难对象在劳动力市场中处于很弱势的地位，政府需要更多地设置一些公益性岗位，并优先满足女户主困难家庭的就业需要。三是要针对女户主困难家庭增设心理救助。困难女户主往往承受很大的心理压力，有不少出现焦虑抑郁的倾向，访谈中很多低保女户主多次落泪、情绪失控，而男户主并没有这种情况，因此，应该针对女户主困难家庭增设心理救助，向其提供心理咨询和疏导，帮助其树立脱离困境的信心和维持心理健康，使其有宣泄的渠道，以预防危机性事件的发生。

第三，社会福利政策上，要强化妇女儿童福利，并对女户主困难家庭给予更多优待。

妇女儿童福利是国家和社会为满足妇女、未成年人的特殊需要和维护其特殊利益而提供的照顾和福利服务（郑功成，2005）。由于女性在生理、心理上与男性存在差别，所以需要对女性给予特殊照顾和保护，妇女福利的具体措施包括生育及其他方面的特殊津贴和照顾，福利设施和福利服务，如妇幼保健所、妇女活动中心等。儿童由于身体、心理均在成长发育过程中，他们对自身的保护能力和对社会的适应能力还未形成，因而特别需要家庭和社会的关心、帮助和教化，具体措施包括儿童医疗保健设施和服务、儿童活动场所和条件、困境儿童福利等。强化妇女、儿童福利的同时，要对女户主困难家庭给予特殊的政策倾斜，让其优先享受相关福利服务，从生育福利、妇女劳动保护、妇女福利设施和保健福利、儿童医疗保健、儿童活动场所和条件等多方面入手，帮助女户主减少生育、繁重家务劳动对其时间和精力的消耗，并帮助女户主困难家庭中的儿童健康成长，这有利于消除女性的时间贫困并斩断贫困的代际传递，有利于女户主困难家庭整体福利水平的提高，进而有利于女户主困难家庭摆脱困境。

第四，社区服务政策上，要发展社区家庭支持服务和社区文化娱乐服务，并优先服务于女户主困难家庭。

凯姆拉曾指出，许多发展计划项目得以成功的关键因素是女性赋权，即为女性增权是必需的，这关乎女性本身、家庭的资源分配，进而影响社会的资源分配（Gupta and Yesudian，2006）。增权的最终目的是帮助弱势群体克服主观和客观的权利障碍，有助于“无权”群体实现自助及成长的公平、正义的社会环境（向德平和程玲，2015）。要实现女性尤其是困难女性的增权，离不开完善的社区服务，尤其是社区家庭支持服务和社区文化娱乐服务。研究显示，女户主困难家庭就业困难的一大原因是照顾孩子、老人、病人等而影响工作，因此有必要借鉴西方经验，大力发展社区家庭支持服务，具体需要在社区服务中建立家庭支持服务体系，培养能够专门从事家庭支持服务的社工和辅助人员，大力宣传社区家庭支持服务的意义，促使服务使用者容易获得所需服务，中华全国妇女联合会（以下简称妇联）、中国共产主义青年团（以下简称共青团）、中华全国总工会（以下简称全国总工会）等还需要整合资源，共同帮助困难女户主解决家庭成员的照顾问题，解除她们的时间贫困，为其就业提供前提条件和基本保障。另外，还要大力发展社区文化娱乐服务，社区文化娱乐活动能够吸引更多的困难女性参与，帮助她们缓解心理压力，促进其交流和交往，增加困难女户主的社会资本，防止她们因为生活困难而被社会排斥，帮助其预防心理问题，增强社会归属感和参与感，使其愿意积极参与社区生活和公益活动，避免陷入社会排斥的境地。

6.3 技术方案：选择合理适当的实施方式

优化相关社会政策的技术方案是促使性别敏感社会政策在实施中提高效率和节约成本的必要举措。选择什么样的技术方案，既取决于政策设计，又取决于环境条件。不同的技术方案一般会产生不同的效应，就如我们选择交通工具是飞机方便，还是火车或是汽车方便，不能一概而论，要根据具体情况进行具体分析。在许多国家技术方案已经日臻成熟的情况下，我国技术方案重点不在于创新，而在于理性选择，不在于技术方案是否先进，而在于其是否能够适应我国的政策设计和是否具备相应的环境条件（郑功成，2007）。因此，必须关注城乡、地域、民族等方面的差异和不同的需求，选择适当的实施方式和技术手段，使性别平等的理念得以实现并使政策设计能发挥出应有的效果。

发达国家为了“激活”以单亲母亲为主的女性贫困群体，通过工作福利的形式帮助她们积极投身劳动力市场，在具体的技术方案上，为了落实工作福利政策，多采用业务外包的形式。比如，英国在工作福利政策的递送中，由政府制定政策、提供资金，委托地方企业和社会组织承担具体服务项目，以充分发挥地方力量的优势。在业务外包模式中，服务供应商并不需要负担受助者的工资和培训费用，而是由政府提供工资补贴和培训补贴，如果受助者最终实现就业，服务供应商还将得到政府的奖金。与慈善和环保事业相结合是英国工作福利递送的另一大特色，地方慈善组织、环保部门为受助者提供志愿工作岗位和环境保护工作岗位，政府为慈善组织和环保部门提供一定的工资补贴。在市场化和社会化的福利递送机制下，不仅受助者的就业能力得到提升，企业还能获得无偿劳动力，受助者和企业双方的积极性都得到了调动。发展中国家为了解决女性贫困与弱势的问题，也开展了许多救助型和发展型项目，拉美国家在提供救助时把救助资格与个人参加就业和培训，家庭成员的教育、健康和营养等结合起来，在技术方案设计上，把救助金发放给家庭中的母亲或女户主，在此方案实施前，设计者担心这种方案可能会导致家庭暴力的增加，但事实恰恰相反，这种技术方案大幅降低了家庭暴力的发生比例，因为其有助于实现女性赋权，提升了女性在家庭中的地位，也增强了贫困女性的自信（郑皓瑜，2013）。此外，拉美国家女童的入学率有所提升，男女受教育的差距在不断缩小，这不仅得益于女童助学金高于男童这一政策设计，也得益于救助金发放给家庭中女户主这一技术方案，因为女户主愿意投资于家庭中的女性学生，而不是让其辍学。在南亚国家，如印度，在落实母亲安全计划并为孕妇提供卫生服务和改善新生儿健康的救助政策时，引入了新型的卫生工作者——

社会健康活动家（Zavier and Santhya，2013），这些新型卫生工作者参与到计划实施环节，其主要职责包括产前检查、产后分娩和产后访问三个方面，这确保了计划的高效落实，在全国范围内减少了母亲、待产儿和新生儿的死亡率（Jehan et al.，2012）。

我国可以借鉴国外相关政策实施中技术方案的经验，从以下几方面选择我国性别敏感社会政策的技术方案。

第一，通过政府购买服务的方式向困难女户主提供就业、心理、护理等社会救助服务。

为了实现社会性别平等的理念目标，需要向困难女户主提供各类服务类专项救助，如心理、就业、护理等，为此，可以借鉴西方发达国家工作福利递送中的业务外包的相关经验，以政府购买社会组织或企业服务的方式提供上述专项救助服务，因为社会组织或企业提供的服务具有高效、灵活的特点，可以适度弥补政府的缺陷，使社会中困难女户主家庭更好地满足基本生活需要，缓解生活困难，同时有利于缓解困难女户主在社会救助供求方面的矛盾，发挥多元主体的力量。同时，政府购买社会服务的方式可以弥补政府规范性救助政策多样化服务不足的缺陷，量身定做包裹式特需服务，让针对女户主困难家庭的社会救助服务更为精准有效。

第二，积极壮大社会工作者队伍，为贫困女户主提供专业化服务。

从工作性质来看，社会救助是一项较为专业的工作，需要社会工作的介入。与社会保险不同，社会救助应该建立在受助者需求之上，需要工作者行使自由裁量权去酌情处理一些情况，非专业的人员往往难以胜任，应当由那些接受过专业培训，能够理解人类互动、人类需求和不幸，具有社会学和心理学领域专业知识的组织者来执行（Wyers，1983）。许多国家在社会救助中都引入了专业的社会工作者，为受助者提供个案式服务，如印度在母亲安全计划实施中就引入了社会健康活动家，即专业的社会工作者。

我国在实施社会救助时，主要依靠政府民政部门逐级递送，这种递送方式显然难以提供多样化和个性化的救助服务，基层社区居委会也有不少“人情”因素和非专业性在内的弊端，不利于社会救助的规范化递送。2014 年 2 月，国务院颁布的《社会救助暂行办法》首次明确提出县以上地方人民政府应当充分发挥社会工作者作用，为社会救助对象提供社会融入、能力提升、心理疏导等专业服务。本章发现，困难女户主普遍心理压力大，许多女性承担着沉重的家庭成员照料负担，摆脱困境面临着重重困难，不少困难女户主在访谈中情绪激动、痛哭流涕。访谈还发现，虽然受访者申请救助的对象是国家，但他们对国家求助经验的诠释是以具体接触的工作人员来表征的，因为这些工作人员是社会救助的守门员，是潜在受助者能否获得救助的第一关，基层工作人员和受访者的互动构成了助人者和受助者的互动。如果基层工作人员能够积极主动响应困难者的需求，并提供专业性的服务，那么受助者会对受助于国家的经验进行正面肯定。困难女户主需要专业的社会工作者为其提供个性化、专业化的服务，如心理疏导、精神慰藉、家庭治疗等，这样可以减轻她们的心理压力，舒缓她们的情绪，使其恢复良好的心理状态。

第三，在帮扶、救助和相关福利政策的实施过程中，要注重任用当地女性干部和技术人员对接困难女户主。

为了使相关社会政策的实施有一个良好的软环境，需要注重培养当地女性干部，并任用当地女性干部对接困难女户主家庭，这些女性干部熟悉当地的生计方式、文化传统等，并且由于性别相同，她们更容易与困难女户主产生情感共鸣，可以密切干群关系，利于在救助、扶贫、福利、社区服务等各类社会政策执行中开展指导和提供服务。此外，由于困难女户主不同于困难男户主的需求，政策项目的实施地点、时间、方式等要适合和便于困难女户主参与，使相关政策真正发挥最好的效果。

第7章 政策建议

20世纪70年代末，自“贫困女性化”概念被美国学者提出并广泛传播以来，女性贫困问题越来越受到各国政府的重视，政府与社会逐步认识到困难女性与女户主困难家庭面临多重生活困境，她们易发生福利依赖，摆脱困境难度较大。基于此，女性贫困问题研究与福利政策的联系日益密切，性别敏感的社会政策逐渐成为女性贫困治理的长效机制。

我国对困难家庭的研究多关注其生活困境或就业、住房、教育等某一方面的特殊困境，少有研究从社会性别的视角出发考察困难家庭的性别差异。因此，研究我国困难家庭的性别差异并把女户主困难家庭和男户主困难家庭进行比较，具有较为重要的理论意义和现实意义。关于困难家庭性别差异和受助情况的本土研究发现，可以与西方“贫困女性化”理论进行比较并分析异同，由此带来的理论启示能够为救助与扶贫等相关社会政策提供理论基础，还可以从实践上促进社会政策与性别平等策略的融合，制定出性别敏感的社会政策，帮助解决女性贫困问题。

本书通过对相关全国性调查数据的分析和四川省内各地男女户主困难家庭深度访谈结果的分析得出以下结论。

第一，在困难家庭人口经济状况方面，城乡困难家庭中有劳动能力和有工作的人的数量存在明显的性别差异，女户主困难家庭中有劳动能力和有工作的人的数量偏少，城乡女户主困难家庭低保总收入和各项收入也都低于男户主困难家庭，尤其是政府救助收入方面，女户主困难家庭相较于男户主困难家庭处于劣势地位，农村女户主困难家庭则更加弱势。在家庭支出方面，与男户主相比，女户主困难家庭的支出也明显偏少，这显示出女户主困难家庭的生活质量更差。

第二，在享受社会救助方面，农村女户主困难家庭在享受医疗救助和其他补助收入方面的范围比例明显低于农村男户主家庭，城乡困难家庭的救助收入存在明显的性别差异，女户主家庭在低保金、医疗救助和临时救助等方面的救助金水平明显低于男户主。在申请过和享受过低保待遇方面，城乡困难家庭不存在明显的性别差异，这与西方的研究结论存在较大出入，因为西方女户主更易出现福利依赖。在对政府帮扶救助的期待方面，城乡困难家庭存在明显的性别差异，相比于城市男户主而言，城市女户主困难家庭更希望获得教育救助和住房救助；相比于农村男户主而言，农村女户主更希望获得低保金、教育救助和临时救助。

第三，在对困难与社会救助的体验与感受方面，女户主对自己所处的困难状况心理压力更大并且更倾向于内部归因，相比之下，男户主心理压力更小且倾向于外部归因。女户主在无偿家务劳动方面付出更多，加剧其时间困难和就业困难的感受，因此，女户主自认为摆脱困境更难，尽管如此，困难女户主大多更加勤劳，在摆脱困境方面比男户主付出更多努力。在对社会救助的体验上，与男户主相比，女户主感受到更多的污名，尤其是“对待污名”比困难男户主明显，她们表示领取救助过程中的那份感觉很不好受，亲朋好友的态度因其领取救助发生了改变。更多女户主和部分工作人员认为应该对女户主困难家庭给予特殊的照顾和支持，既包括物质方面也包括心理、就业方面的支持。

针对以上困难家庭存在的性别差异，需要从理念目标、政策设计和技术方案这三方面入手，使三个方面的要素相互配合、共同作用。第一，在理念目标方面，应该在全社会推广社会性别意识、形成性别平等的良好氛围，把社会性别纳入反贫困和社会保障决策的主流。具体需要从文化和社会制度两方面入手，一方面，要充分发挥政府及社会组织的作用，在学校、家庭、社区及全社会中重建性别平等的社会文化观念，培育女性个体的权利意识和主体意识，积极塑造男性的社会性别平等意识；另一方面，要从社会制度入手，打破性别社会分工的固有思维，防止男女两性差异被无限放大，公平的社会制度不但要纠正对女性的偏见，还应该弥补偏见对女性造成的伤害，在家庭劳动领域和社会保障等领域要改革相关制度和政策，改变任何限制男女两性享受平等权利和机会的制度规定。第二，在政策设计方面，可以有针对性地构建和调整相应社会政策，使之具备性别敏感性：一是就业政策需要完善男女平等就业社会政策的制定和执行；二是社会救助政策需要对女户主困难家庭实施有针对性的救助倾斜，并增设心理救助；三是社会福利政策需要特别强化妇女、儿童福利，并对女户主困难家庭给予更多优待；四是社区服务政策需要发展社区家庭支持服务和社区文化娱乐服务，并优先服务于女户主困难家庭。第三，在技术方案方面，必须关注城乡、地域、民族等方面的差异和不同的需求，选择适当的实施方式和技术手段，使性别平等的理念得以实现并使政策设计能发挥出应有效果。一是通过政府购买服务的方式向困难女户主提供就业、心理、护理等社会服务；二是积极壮大社会工作者队伍，为困难女户主提供专业化服务；三是在扶贫、救助和相关福利的实施过程中，要注重任用当地女性干部和技术人员来对接困难女户主。

参考文献

波伏娃 S D. 1998. 第二性. 陶铁柱，译. 北京：中国书籍出版社.

蔡荷芳. 2005. 农村贫困妇女与脱贫妇女发展意识的对比分析——以安徽省池州市为例. 农业经济问题，26（8）：20-23，79.

蔡玉萍，杜平. 2011. 不平等中的不平等：社会性别视角下的中国农民工. 香港：香港中文大学香港亚太研究所.

畅红琴. 2010. 中国农村地区时间贫困的性别差异研究. 山西财经大学学报，32（2）：9-14.

陈成文，潘泽泉. 2000. 论社会支持的社会学意义. 湖南师范大学社会科学学报，（6）：25-31.

陈龙芳. 2012. 城市贫困女户主家庭社会支持网的缺失与建构. 齐齐哈尔大学学报（哲学社会科学版），（2）：60-62.

陈银娥，何雅菲. 2013. 人口结构与贫困：来自中国的经验证据. 福建论坛（人文社会科学版），（7）：17-22.

陈银娥，何雅菲. 2014. 贫困变动及其影响因素研究：来自中国女户主的证据. 湖北社会科学，（4）：61-66.

陈银娥，王丹，曾小龙. 2015. 女性贫困问题研究热点透视——基于 SSCI 数据库女性研究权威文献的统计分析. 经济学动态，（6）：111-124.

陈泽群. 2007. “低保养懒人!”：由指控低保户而显露出的福利体制问题. 社会保障研究，（1）：128-136.

迪肯 A. 福利视角. 2011. 周薇，译. 上海：上海人民出版社.

郭瑞香. 2011. 贫困与受艾滋病影响的妇女//赵群，王云仙. 社会性别与妇女反贫困. 北京：社会科学文献出版社：167.

胡鞍钢. 1999. 跨入新世纪的最大挑战：中国进入高失业阶段. 中国人口科学，（6）：13-25.

霍萱，林闽钢. 2015. 为什么贫困有一张女性的面孔——国际视野下的“贫困女性化及其政策”. 社会保障研究，（4）：99-104.

吉登斯 A. 2000. 第三条道路：社会民主主义的复兴. 郑戈，译. 北京：北京大学出版社.

蒋积伟. 2007. 当前城市低保家庭的医疗困境——以部分城市为例. 哈尔滨工业大学学报（社会科学版），（2）：53-58.

蒋美华. 2007. 农村已婚女性贫困状况及脱贫对策——以河南农村已婚女性为例. 中州学刊，（1）：122-126.

焦培新. 2014. 中国城乡统一的最低生活保障制度救助标准计发办法和调整机制的探讨. 第十

届社会保障国际论坛论文集.
金和辉. 1995. 贫困地区妇女在农户经济决策中的地位和作用. 中国农村观察,（2）：44-49.
金利杰，周巩固. 2010. 性别差异、劳动分工与阶级起源. 历史教学问题，201（6）：71-76.
金斯伯格 N. 2010. 福利分化. 姚俊，张丽，译. 杭州：浙江大学出版社.
金一虹. 2000. 农村妇女发展的资源约束与支持. 浙江学刊,（6）：73-76.
金一虹，保剑. 2011. 多学科视野下的女性社会保障研究. 广州：中山大学出版社.
卡斯特 M. 2003. 千年终结. 夏铸九，译. 北京：社会科学文献出版社.
肯迪 A. 2011. 福利视角. 周薇，等译. 上海：上海人民出版社.
李敏. 2015. 制度如何制造不平等——一个北方城市贫困女性社会排斥的制度分析. 北京：中国社会科学出版社.
李小江. 1999. 解读女人. 南京：江苏人民出版社.
李银河. 2005. 女性主义. 济南：山东人民出版社.
李卓，左停. 2018. 深度贫困地区妇女反贫困的逻辑路径探析——基于社会性别视角的分析. 山西农业大学学报（社会科学版），17（9）：1-5，17.
林闽钢，祝建华. 2011. 我国城市低保家庭脆弱性的比较分析. 社会保障研究,（6）：60-71.
刘春湘，刘莎. 2010. 社会性别视角下的农村社会救助制度研究. 经营管理者,（1）：116-117.
刘继同. 2003. 妇女与福利：女性主义福利理论评介. 妇女研究论丛,（4）：57-63.
刘璐婵. 2016. 福利依赖概念的建构逻辑——兼论中国“福利依赖”概念的选择. 天府新论,（1）：101-109.
刘明辉. 2012. 社会性别与法律. 北京：高等教育出版社.
刘欣. 2015. 近 40 年来国内妇女贫困研究综述. 妇女研究论丛,（1）：116-123.
马东平. 2011. 社会性别视角下的少数民族妇女贫困问题研究. 甘肃理论学刊,（5）：79-84，106.
马凤芝. 2010. 转型期社会福利的内卷化及其制度意义. 北京：北京大学出版社.
米莉特 K. 1999. 性的政治. 钟良明，译. 北京：社会科学文献出版社.
莫格哈登 V. 2000. 贫困女性化？——有关概念和趋势的笔记//马元曦. 社会性别与发展译文集. 北京：生活·读书·新知三联书店：31-62.
NHK 特别节目录制组. 2017. 女性贫困. 李颖，译. 上海：上海译文出版社.
宁满秀，荆彩龙. 2015. 贫困女性化内涵、成因及其政策思考. 电子科技大学学报（社会科学版），17（6）：5-9.
潘锦棠. 2002. 经济转轨中的中国女性就业与社会保障. 管理世界,（7）：59-68.
乔世东. 2010. 城市低保家庭青年就业的制约因素及其对策分析. 青年探索,（2）：88-92.
时正新. 2002. 中国社会救助体系研究. 北京：中国社会科学出版社.
史威琳. 2011. 城市低保家庭儿童社会保护制度分析. 北京社会科学,（1）：14-18.
斯特罗贝尔 P. 1997. 从贫困到社会排斥：工资社会抑人权社会？. 国际社会科学杂志（中文版),（2）：20-38.
宋健. 2012. 社会性别视角下的中国社会政策. 北京：社会科学文献出版社.
谭琳，陈为民. 2001. 女性与家庭——社会性别视角的分析. 天津：天津人民出版社.
王爱君. 2009. 女性贫困、代际传递与和谐增长. 财经科学,（6）：47-54.
王云仙，冯媛. 2011. 增强草根力量，促进妇女赋权——国际 NGO 和中国扶贫事业. 北京：社会科学文献出版社.
王增文. 2010. 农村老年女性贫困的决定因素分析——基于Cox比例风险模型的研究视角. 中国人口科学，(1)：75-83，112.
威尔逊 J W. 2007. 真正的穷人. 成伯清，鲍磊，张戌凡，译. 上海：上海人民出版社.
夏雪. 2009. 社会性别、贫困与全球化. 北京科技大学学报（社会科学版），25（2）：1-5.
向德平，程玲. 2015. 巾帼脱贫——农村贫困妇女扶持政策评估及建议. 北京：社会科学文献出版社.
徐丽敏. 2008. 国外福利依赖研究综述. 国外社会科学，(6)：78-83.
许艳丽，董维玲. 2008. 单亲母亲家庭经济现状研究. 人口学刊，(2)：20-25.
杨旻. 2009. 劳动力市场的性别不平等：职业性别分割与两性收入差距——性别分层与劳动力市场研讨会综述. 妇女研究论丛，(1)：91-93.
亦平. 2011-01-20. 读懂数字：全球性别平等指标和排名解析. 中国妇女报.
余秀兰. 2015. 男女平等就业的社会政策研究. 北京：中国社会科学出版社.
张浩淼. 2017. 事实抑或建构：当代美国福利依赖问题探析. 社会科学战线，(7)：193-198.
赵群. 2005. 将社会性别平等观念纳入农村反贫困政策与实践的主流. 妇女研究论丛，(S1)：11-16.
赵群，王云仙. 2011. 社会性别与妇女反贫困. 北京：社会科学文献出版社.
赵群，薛金玲. 2006. 妇女与贫困//王金玲. 中国妇女发展报告. 北京：社会科学文献出版社：256.
郑飞北. 2012. 贫困儿童的发展状况与儿童福利的政策转向//米勇生. 社会救助与贫困治理. 北京：中国社会出版社：197-216.
郑功成. 2005. 社会保障学. 北京：中国劳动社会保障出版社.
郑功成. 2007. 中国社会保障制度改革的新思考. 山东社会科学，(6)：5-10.
郑皓瑜. 2013. 拉美国家扶贫政策研究. 北京：对外经贸大学出版社.
仲超. 2019. “贫困女性化”的形成与治理. 云南社会科学，(6)：143-150，183.
BRIDGE. 2001. Briefing paper on the “feminisation of poverty”, sussex：institute of development studies. https://coady.stfx.ca/briefing-paper-on-the-feminisation-of-poverty/[2018-06-21].
Budlender D. 2005. Women and poverty. Agenda，19（64）：30-36.
Burchardt T，Grand J L，Piachaud D. 1999. Social exclusion in Britain 1991—1995. Social Policy & Administration，33（3）：227-244.
Chan C K. 1998. Welfare policies and the construction of welfare relations in a residual welfare state：the case of Hong Kong. Social Policy & Administration，32（3）：278-291.
Chant S. 2014. Exploring the “feminisation of poverty” in relation to women’s work and home-based enterprise in slums of the Global South. International Journal of Gender and Entrepreneurship，6（3）：296-316.
Corley M，Perardel Y，Popova K. 2006. Wage Inequality by Gender and Occupation：a Cross-Country Analysis. Geneva：International Labour Office.
Daigneault P M. 2015. Ideas and welfare reform in Saskatchewan：entitlement，workfare or activation?. Canadian Journal of Political Science，48（1）：147-171.
Ditch J. 1999. Full circle：a second coming for social assistance//Jochen C. Comparative Social

Policy：Concepts，Theories，and Methods. Oxford：Blackwell Publishers：114-135.

Evans P. 2009. Women's Poverty in Canada：Cross-Currents in an Ebbing Tide. Oxford：Oxford University Press.

Folbre N. 1995. "Holding hands at midnight"：the paradox of caring labor. Feminist Economics，1（1）：73-92.

Feagin J R. 1972. Poverty：we still believe that God helps those who help themselves. Psychology Today，6（6）：101-129.

Felker-Kantor E，Wood C H. 2012. Female-headed households and food insecurity in Brazil. Food Security，4（4）：607-617.

Field F. 1999. Welfare dependency and economic opportunity. Family Matters，54（1）：18-26.

Finnoff K. 2015. Decomposing inequality and poverty in post-war Rwanda：the roles of gender，education，wealth and location. Development Southern Africa，32（2）：209-228.

Fitzpatrick T，Kwon H J，Manning N，et al. 2005. International Encyclopedia of Social Policy. London：Routledge.

Fram M S，Cribbs M J，Farber N. 2006. Women，poverty，and marriage in an orthodoxy of conservatism. Journal of Women and Social Work，21（3）：256-271.

Fuller-Rowell T E，Evans G W，Ong A D. 2012. Poverty and health：the mediating role of perceived discrimination. Psychological Science，23（7）：734-739.

Gerşil G. 2015. Küresel boyutta yoksulluk ve kadin yoksulluğu. Directory of Open Access Journal，22（1）：159-181.

Gilbert N，Terrell P. 1998. Dimensions of Social Welfare Policy. Boston：Allyn & Bacon.

Goffman E. 1986. Stigma：Notes on the Management of Spoiled Identity. Sutton Valence：Touchstone.

Gough I，Bradshaw J，Ditch J，et al. 1997. Social assistance in OECD countries. Journal of European Social Policy，7（1）：17-43.

Gunnarsson E. 2002. The vulnerable life course：poverty and social assistance among middle-aged and older women. Ageing and Society，22（6）：709-728.

Gupta K，Yesudian P P. 2006. Evidence of women's empowerment in India：a study of socio-spatial disparities. GeoJournal-spatially Integrated Social Sciences and Humanities，65（4）：365-380.

Harrington M M，Abdul-Malak Y. 2015. Single-headed family economic vulnerability and reliance on social programs. Public Policy & Aging Report，25（3）：102-106.

Holtz C A，Fox R A，Meurer J R. 2015. Incidence of behavior problems in toddlers and preschool children from families living in poverty. The Journal of Psychology，149（2）：161-174.

Holvoet N. 2004. Impact of microfinance programs on children's education. Journal of Microfinance/ESR Review，6（2）：1-23.

Jehan K，Sidney K，Smith H，et al. 2012. Improving access to maternity services：an overview of cash transfer and voucher schemes in South Asia. Reproductive Health Matters，20（39）：142-154.

Kaplan J. 2001. Prevention of welfare dependency—an overview. Spectrum Journal of State Government，74（2）：12-24.

Katapa R S. 2006. A comparison of female-and male-headed households in Tanzania and poverty implications. Journal of Biosocial Science，38（3）：327-339.

Kenworthy L. 1999. Do social-welfare policies reduce poverty? A cross-national assessment. Social Forces，77（3）：1119-1139.

Kher J，Aggarwal S，Punhani G. 2015. Vulnerability of poor urban women to climate-linked water insecurities at the household level：a case study of slums in Delhi. Indian Journal of Gender Studies，22（1）：15-40.

Kim K，Kim M K，Shin Y J，et al. 2011. Factors related to household food insecurity in the Republic of Korea. Public Health Nutrition，14（6）：1080-1087.

Langlois J，Fortin D. 1994. Single-parent mothers，poverty and mental health：review of the literature. Santé Mentale Au Québec，19（1）：157-173.

Laux S C，Cook C C. 1994. Female-headed households in nonmetropolitan areas：housing and demographic characteristics. Journal of Family and Economic Issues，15（4）：301-316.

Lee S Z，Abrams L S. 2001. Challenging depictions of dependency. Journal of Poverty，5（1）：91-111.

Li M G，Walker R. 2017. Shame，stigma and the take-up of social assistance：insights from rural China. International Journal of Social Welfare，26（3）：230-238.

Louat F，Grosh M E，van der Gaag J. 1993. Welfare Implications of Female Headship in Jamaican Households. Washington：World Bank.

MacDonald M. 1998. Gender and social security policy：pitfalls and possibilities. Feminist Economics，4（1）：1-25.

MacKinnon C A. 1983. Feminism，marxism，method，and the state：toward feminist jurisprudence. Signs Journal of Women in Culture and Society，8（4）：635-658.

Mead L M. 1986. Beyond Entitlement：the Social Obligations of Citizenship. New York：Free Press.

Melkersson M，Saarela J. 2004. Welfare participation and welfare dependence among the unemployed. Journal of Population Economics，17（3）：409-431.

Mikanagi Y. 1998. Japan's gender-biased social security policy. Japan Forum，10（2）：181-196.

Millar J. 2003. Gender，poverty and social exclusion. Social Policy & Society，2（3）：181-188.

Millar J. 2009. The United Kingdom：the Feminization of Poverty？. Oxford：Oxford University Press.

Millar J，Glendinning C. 1989. Gender and poverty. Journal of Social Policy，18（3）：363-381.

Millar J，Glendinning C. 1992. It all really starts in the family：gender divisions and poverty// Glendinning C，Millar J. Women and Poverty in Britain：the 1990s. London：Harvester Westsheaf：3-10.

Misra J，Moller S，Budig M. 2007. Work-family policies and poverty for partnered and single women in Europe and North America. Gender &Society，21（6）：804-827.

Moynihan D P. 1986. Family and Nation. San Diego：Harcourt.

Northrop E M. 1990. The feminization of poverty：the demographic factor and the composition of economic growth. Journal of Economic Issues，24（1）：145-160.

Novak M. 1987. The new consensus on family and welfare. Washington：American Enterprise Institute.

OECD. 2011. Doing better for families. http://www.oecd.org/social/soc/doingbetterforfamilies.htm [2018-08-24].

Patton M Q. 1990. Qualitative evaluation and research methods. 2nd ed. Newbury Park：SAGE.

Pearce D. 1978. The feminization of poverty：women，work，and welfare. Urban and Social Change Review，11（1）：28-36.

Quintal C，Lopes J. 2016. Equity in health care financing in Portugal：findings from the household budget survey 2010/2011. Health Economics Policy and Law，11（3）：233-252.

Rees T. 1998. Social exclusion and equal opportunities. International Planning Studies，3（1）：15-34.

Robert P. 1984. Stigma. London：Routledge &Kegan Paul.

Rodgers G. 1996. What is special about a social exclusion approach?//Rodgers G，Gore C，Sainsbury D J B. Gender，Equity，and Welfare States. Cambridge：Cambridge University Press：18-19.

Rodgers G，Gore C，Figueiredo J B. 1997. Social Exclusion：Rhetoric，Reality and Responses. Geneva：International Labor Organization.

Sainsbury D. 1996. Gender，Equity，and Welfare States. Cambridge：Cambridge University Press.

Sainsbury D. 2001. Gender and the making of welfare states：Norway and Sweden. Social Politics International Studies in Gender，State & Society，8（1）：113-143.

Sjoberg G，Williams N，Vaughan T，et al. 1991. The case study approach in social research：basic methodological issues. Chapel Hill：University of North Carolina Press.

Sovacool B K. 2012. The political economy of energy poverty：a review of key challenges. Energy for Sustainable Development，16（3）：272-282.

Steinert H. 2002. Social exclusion：strategies for coping with and avoiding it in Stinert//Heinz S，Pilgram A. Welfare Policy from Below：Struggles Against Social Exclusion in Europe. Hampshire：Ashgate：33-45.

Stuber J，Schlesinger M. 2006. Sources of stigma for means-tested government programs. Social Science & Medicine，63（4）：933-945.

Tessler R C，Schwartz S H. 1972. Help seeking，self-esteem，and achievement motivation：an attributional analysis. Journal of Personality and Social Psychology，21（3）：318-326.

Trygged S，Hedlund E，Kåreholt I. 2014. Beaten and poor? A study of the long-term economic situation of women victims of severe violence. Social Work in Public Health，29（2）：100-113.

White S. 2000. Review article：social rights and social contract—political theory and the new welfare politics. British Journal of Political Science，30（3）：507-532.

Wilson W J. 2012. The Truly Disadvantaged：the Inner City，the Underclass，and Public Policy. Chicago：University of Chicago Press.

Wyers N L. 1983. Income maintenance and social work：a broken tie. Social Work，28（4）：261-268.

Zavier A J F，Santhya K G. 2013. How conditional cash transfers to promote institutional delivery can also influence postpartum contraception：evidence from Rajasthan，India. International Journal of Gynecology & Obstetrics，123（S1）：e43-e46.

附录 1

2017~2018 年四川省低保家庭访谈提纲

编号：　　　调查员：

您好！为了解四川省低保家庭的生活状况，更好地满足居民的生活需要，我们特进行此次访谈。我们郑重承诺此次访谈内容恪守保密原则，保护每位受访者的个人信息，衷心感谢您的支持和配合！

低保家庭的性别差异及相关对策研究课题组

2017 年 12 月

一、家庭基本情况

（一）户主基本信息

1. 户籍类型_____，性别____，年龄____，婚姻状况_____（未婚、已婚、离异、丧偶、分居），文化程度_____（小学以下、小学、初中、高中、大学本科及以上）。
2. 您的身体状况怎么样？
3. 您现在有工作吗？在哪儿工作？什么岗位？月工资多少？
4. 您的精神状态怎么样？生活压力大不大？

（二）其他家庭成员信息

1. 成员①：与户主的关系________，年龄______，文化程度_____，身体状况__________，工作情况________________，照护情况______________________。
2. 成员②：与户主的关系________，年龄______，文化程度_____，身体状况__________，工作情况________________，照护情况______________________。

3. 成员③：与户主的关系________，年龄______，文化程度_____，身体状况__________，工作情况________________，照护情况____________________。

4. 成员④：与户主的关系________，年龄______，文化程度_____，身体状况__________，工作情况________________，照护情况____________________。

（三）家庭经济特征

1. 存款额______；负债额______。

2. 住房性质___________（自建、自购、租赁、廉租房、安置房），住房面积_________；拥有的大型家具和电器________；拥有的机动车和农用车_______。

3. 家庭月平均收入_________，人均收入_______，主要收入来源_______（工资、社会救助、社会保险、亲友接济）。

4. 家庭月平均支出_________，人均支出_______，主要支出方向_______（还债、医疗、教育、食物、衣服、房租、烟酒等）。

二、社会救助与其他保障

1. 您享受低保已有多长时间？曾经是否退出过？您领取低保的主要原因是什么？

2. 您认为现在的低保金水平能否满足最基本的生活需求？能否改善家庭贫困状况？

3. 在申请和领取低保的过程中，工作人员对您的态度如何？亲戚、朋友和邻居对您的态度有无变化？自己和家人是否感觉难为情？孩子是否有自卑心理？

4. 作为女户主，您在申请低保的时候有没有受到特殊照顾？有没有获得针对女户主家庭的帮扶和救助？

5. 据您所知，扶贫开发项目中有没有专门针对女户主家庭的措施？

6. 您认为男女户主低保家庭维持基本生活和脱离贫困的能力和需求是否存在差异？如果存在，都体现在哪些方面？

7. 您认为社会救助政策是否应该考虑性别差异、适当照顾女户主家庭？如果应该，可以体现在哪些方面？

8. 除了低保，您和家人还获得了哪些救助和保障（如养老保险、养老服务、高龄津贴、医疗保险、残疾人福利、教育救助、商业保险等）？

9. 您认为目前家庭主要面临哪些困难？还需要在哪些方面获得救助（如教育、就业、医疗、护理等）？

三、就业

1. 您和家人获得过就业方面的帮扶吗？若获得过，都有哪些（创业咨询、创业指导和培训、创业贷款、推荐工作、技能培训、求职培训等）？这些帮扶都是由哪些部门提供的（妇联、政府、就业服务中心、街道、社区或者村委会）？需要收费吗？有补贴吗？效果怎么样？

2. 您觉得工作好找吗？您觉得自己和家庭面临哪些就业障碍？您在找工作的过程中遇到过困难吗？都遇到过哪些困难？

3. 您觉得劳动力市场存在性别歧视现象吗？女户主家庭找工作是否比男户主家庭更困难？为什么会这样？

四、社区（村委会）服务

1. 您所在的社区（村委会）有“服务中心”吗？据您了解，该中心主要为居（村）民提供哪些服务？有专门针对女户主家庭的服务吗？您从中接受过哪些服务呢？其中，哪些服务对您来说是帮助是最大的？您对社区（村委会）的服务评价如何？您还希望社区（村委会）为您提供哪些服务？

2. 您觉得社区（村委会）在为居（村）民提供服务和帮助时是否存在不平等（公平）现象？是否存在性别差异？

3. 您认为社区（村委会）是否应该为女户主家庭提供特殊照顾和服务？如果应该，可以体现在哪些方面？

五、家庭

1. 您家庭的家务劳动是怎么分工的？主要由谁完成？分工合理吗？您主要承担哪些家务劳动？

2. 您认为在您的家庭生活中是否存在男女不平等现象？

3. 您赞同“男主外，女主内”的传统性别观念吗？为什么？

附录 2

2017~2018 年四川省社区（村委会）低保工作人员访谈提纲

编号：　　　　调查员：

您好！为了解四川省低保家庭的生活状况及低保政策现状，更好地满足居民的生活需要，我们特进行此次访谈。衷心感谢您的支持和配合！

低保家庭的性别差异及相关对策研究课题组

2017 年 12 月

一、基本信息

性别____，年龄____，职位________________________________，主要负责业务________________________________，负责该项业务的时间________。

二、社会救助政策情况

1. 近些年来，该区域低保户的性别构成是怎样的？女户主家庭有没有增多的趋势？

2. 按照现行政策规定，男女户主家庭在申请低保时有没有不同的要求或条件？社会救助政策有没有专门针对女户主家庭的措施？您在政策实施过程中特别关照过女户主家庭吗？

3. 您同意女户主家庭更容易陷入贫困（贫困女性化）的观点吗？为什么？

4. 您认为男女户主低保家庭维持基本生活与脱离贫困的能力和需求存在差异吗？如果存在，都体现在哪些方面？

5. 您认为社会救助政策应该考虑性别差异、适当照顾女户主家庭吗？如果应该，可以体现在哪些方面？